JN084846

実務Q&Aシリーズ

退職・再雇用・定年延長

労務行政研究所 編

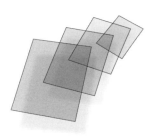

労務行政

は し が き

　実務Q&Aシリーズは、人事担当者を対象に人事労務管理上の問題に関し、労働関係法令や労働判例を踏まえて、どのように考え、対処し、解決すればよいかをテーマ別にまとめたQ&A集です。回答は最新の法令、裁判例、行政解釈を踏まえて弁護士、社会保険労務士など第一線の専門家の方々にご執筆いただきました。

　本シリーズの第6弾として、今回は、労務トラブルが起こりやすい"退職"をテーマに据え、競業避止、情報漏洩、退職勧奨など、退職に関連して実際よく見られるトラブルにも焦点を当てています。また、2021年4月に施行された改正高年齢者雇用安定法では、これまでの65歳までの雇用確保措置義務に加え、70歳までの就業確保措置が事業主の努力義務になりました。本書では、労働者が一定の年齢に達したことで労働契約が終了する"定年"も退職の一形態として捉え、定年後再雇用をはじめ、徐々に広がりを見せている定年延長も取り上げ、全100問にまとめました。

　退職の取り扱いは、法的解釈や実務面での処理において対応を誤れば、深刻なトラブルにもなりかねません。そのため人事担当者は、労働基準法をはじめとした法令や通達、判例の内容を、しっかりと理解して適正に対応することが求められます。そこで本書では、法令・判例に基づき基本事項を押さえながら、課題解決に向けた対応策を平易に解説するよう心掛けました。

　本書がみなさまのお役に立ち、実務面での課題解決、リスク回避の一助となれば幸甚です。

　なお、末筆となりましたが、本書の刊行に当たり、ご多用中にもかかわらず、ご執筆いただきました専門家の方々に、厚く御礼を申し上げます。

2021年5月

労務行政研究所

法令等の略語および正式名称

略　　　語	正式名称
安衛法	労働安全衛生法
安衛則	労働安全衛生規則
育児・介護休業法	育児休業、介護休業等育児又は家族介護を行う労働者の福祉に関する法律
憲法	日本国憲法
高齢法	高年齢者等の雇用の安定等に関する法律
高齢則	高年齢者等の雇用の安定等に関する法律施行規則
障害者雇用促進法	障害者の雇用の促進等に関する法律
職安法	職業安定法
職安則	職業安定法施行規則
男女雇用機会均等法	雇用の分野における男女の均等な機会及び待遇の確保等に関する法律
賃確法	賃金の支払の確保等に関する法律
パートタイム・有期雇用労働法	短時間労働者及び有期雇用労働者の雇用管理の改善等に関する法律
働き方改革関連法	働き方改革を推進するための関係法律の整備に関する法律
有期雇用特別措置法	専門的知識等を有する有期雇用労働者等に関する特別措置法
労基法	労働基準法
労基則	労働基準法施行規則
労契法	労働契約法
労災法	労働者災害補償保険法
労組法	労働組合法
労働時間等設定改善法	労働時間等の設定の改善に関する特別措置法
労働者派遣法	労働者派遣事業の適正な運営の確保及び派遣労働者の保護等に関する法律

告示・解釈例規

労告	労働大臣が発する告示
厚労告	厚生労働大臣が発する告示
発基	厚生労働省労働基準局関係の事務次官名通達
基発	厚生労働省労働基準局長名通達
基収	厚生労働省労働基準局長が疑義に答えて発する通達
婦発	労働省婦人局長名通達
雇児発	厚生労働省雇用均等・児童家庭局長名通達
発労	厚生労働省労政局関係の事務次官名通達
労発	厚生労働省労政局長名通達
労収	厚生労働省労政局長が疑義に答えて発する通達
職発	厚生労働省職業安定局長名通達
職収	厚生労働省職業安定局長が疑義に答えて発する通達

目次

第2章　早期退職・希望退職

第3章 退職勧奨

第4章 競業避止・守秘義務

第5章 再雇用・定年延長

第6章 **高年齢者**

第1章

退職

Q001

退職とは何か。また、どのような種類のものがあるか

A 退職とは、労働契約を終了させることである。解雇以外の終了事由として、合意解約、辞職、契約期間満了による退職、定年退職、勧奨退職、休職期間満了による退職など、さまざまな種類がある

1 解雇との違い

　解雇とは、使用者による労働契約の解約をいい、それ以外の労働契約の終了事由について、ここでは「退職」として整理します。一般に退職といっても、労働者が退職届を提出して退職する場合や、有期労働契約の期間満了で終了する場合、定年を迎えて退職する場合など、さまざまな種類があります。

2 辞職・合意解約

　辞職が労働者による一方的な労働契約の解約であるのに対し、合意解約とは、労働者と使用者が合意により労働契約を解約する場合を指します。

　労働者が2週間の予告期間を置けばいつでも契約を解約できるところ（民法627条1項）、辞職とは、使用者の都合など関係なく、一方的に解約告知する場合をいい、合意解約の申し込みを行う場合と区別されます。両者の違いは、辞職の意思表示である場合、使用者の承認を要さず、同意思表示が使用者に到達することにより効力が生じる一方（使用者の同意なく撤回できない）、合意解約の申し込みの場合、使用者が承認しない限りは効力が生じず、申し込みの撤回が可能になるという点に表れま

す。

　その他、実務上、「退職届」「退職願」という用語の使い分けがなされることがありますが（前者は解約告知、後者は合意解約の申し込み）、言葉の上では違いがあるものの、一概に区別することは難しいと解されます。その実質を見極めて、解約告知なのか合意解約の申し込みなのかを判断する必要があります。

　退職の意思表示が口頭によって行われる場合には、さらに両者の区別を曖昧にします。裁判例では、辞職の意思表示は、生活の基盤たる従業員の地位を直ちに失わせる旨の意思表示であるから、その認定は慎重に行うべきであって、労働者による退職または辞職の表明は、使用者の態度いかんにかかわらず確定的に雇用契約を終了させる旨の意思が客観的に明らかな場合に限り、辞職の意思表示と解すべきであって、そうでない場合には、雇用契約の合意解約の申し込みと解すべきであるとした上で、「会社を辞めたる」旨の発言を合意解約の申し込みであると解した事例があります（株式会社大通事件　大阪地裁　平10.7.17判決）。

③　退職勧奨

　退職勧奨それ自体は、使用者からの合意解約の申し込みに対し、労働者にその承諾を勧める行為であると整理されます。退職勧奨による退職（勧奨退職）の場合であっても、最終的には、労働者の自由意思によって合意解約する必要があり、労働者の自由意思を害するような態様で執拗に行われた退職勧奨は不法行為と評価されることもあります（下関商業高校事件　最高裁一小　昭55.7.10判決）。

④　期間満了

　民法上では、期間の定めのある労働契約の期間の満了をもって同契約

が終了すること自体には制限がありませんが、雇止め法理（労契法19条）によって制限が加えられています。同条に反せず、労使に争いがなければ、期間満了をもって退職となります。

⑤ 定年制

　定年制とは、労働者が一定の年齢に達したときに労働契約が終了する制度をいいますが、厳密には、定年退職制（定年年齢到達によって自動終了する場合）と定年解雇制（定年に達したときに解雇を行う場合）に区分されます。後者はあくまで解雇ですので、解雇権濫用法理（労契法16条）等の解雇法理に服するところ、実務上、ほとんどが定年退職制を採用しています。なお、定年は60歳を下回ることはできず（高齢法8条）、仮に60歳を下回る定年を設けた場合には当該定年の定めは無効となり、定年の定めがないことになります（牛根漁業協同組合事件　福岡高裁宮崎支部　平17.11.30判決も参照）。

⑥ 自動退職規定

　休職期間満了に伴う自動退職規定が就業規則に定められることがありますが、こうした自動退職規定は、就業規則一般の要件（労働法7条）を充足する限り、有効であると解されます（学校法人電機学園事件　東京地裁　昭30.9.22決定）。ただし、退職という効果を生じさせる以上、解雇予告期間である30日を下回るような休職期間を定める場合は合理性を欠くと解されます。

⑦ その他

　労働契約の当事者たる労働者が死亡した場合や、使用者たる法人が解

散したような場合等、当事者が消滅したときにも労働契約は終了します。

織田康嗣　弁護士（ロア・ユナイテッド法律事務所）

 退職の意思表示はどのようにしなければならないか。口頭、メール、代筆、ビジネスチャットツール（Slack、Chatworkなど）によるものは無効か

A 退職の意思表示の手段・方法に制限はなく、口頭等であっても退職の意思が確実に通知されていれば有効である。ただし、本人確認等、当該通知が本人の意思によることの確認を要する場合もある

1 退職の意思表示の方法

　退職の意思表示は、「退職届」「退職願」といった形で示されるのが典型的ですが、その手段・方法に制限はなく、口頭等であったとしても、退職の意思が確実に通知されていれば、退職の意思表示として有効です。

　そのため、就業規則に「従業員は自己の都合により退職しようとするときは退職届を提出し許可を得なければならない」旨の定めがあったとしても、労働者が退職届を提出していないことを理由に労働契約が終了していないと扱うことは許されません。

2 口頭による場合

　口頭によって、有効に退職の意思表示をなすことは可能です。裁判例でも、「今月いっぱいで辞めさせていただきます」と口頭で述べたことについて、「辞職の申出は労働者にとっても、また使用者にとっても重

大な事柄であるから、その意思を明確にするためにも書面をもってする
のが通例であり望ましいとも言えようが、特にそのような定めがない限
り、書面によらなければならないと言うべきものでもない」として、当
該発言を合意解約の申し込みと認定した例があります（全自交広島タク
シー支部事件　広島地裁　昭60.4.25判決）。

　しかしながら、後になって、退職の意思表示に係る発言の存否を巡っ
て争いになることは予想され、トラブル防止の観点からは、仮に口頭で
の退職の意思表示があったとしても、追って退職届の提出を求めるなど、
書面化することが望ましいことは言うまでもありません。

　裁判例でも、「単に口頭で自主退職の意思表示がなされたとしても、
それだけで直ちに自主退職の意思表示がなされたと評価することには慎
重にならざるを得ない。特に労働者が書面による自主退職の意思表示を
明示していない場合には、外形的にみて労働者が自主退職を前提とする
かのような行動を取っていたとしても、労働者にかかる行動を取らざる
を得ない特段の事情があれば、自主退職の意思表示と評価することはで
きないものと解するのが相当である」と指摘されています（日本ハウズ
イング事件　東京地裁　平26.12.24判決）。

③ メールの場合

　メールによる退職の意思表示も当然可能であり、裁判例でも、「退職
させて頂く」という文言を含むメールを社長や総務人事部長など多数の
社員に送信したこと等をもって、退職の意思表示を認定している例があ
ります（スガツネ工業事件　東京地裁　平22.6.29判決）。

　ただし、口頭の場合と異なり、メールによって退職の意思表示がなさ
れた場合は、「言った」「言わない」という内容の存否を巡る紛争に発展
する可能性は低い一方、他人が成り済ましてメール送信している可能性
を否定できません。

そのため、仮にメールによって退職の申し出がなされた場合には、あらためて本人と面談、電話するなど、本人の意思確認を行っておくことが必要でしょう。

④ 代筆の場合

本人に真に退職の意思がある場合に、その意思を踏まえて第三者が代筆した退職届等の書面であるならば、有効に退職の意思表示がなされたものとして取り扱うことができます。

しかしながら、退職届等の書面の提出は労働契約を解約するという重大な効果を発生させるので、通常であれば、従業員本人が退職届等の書面を作成するはずです。それにもかかわらず代筆を要するのは、当該従業員が病気によって退職届を作成することができない場合や、行方不明となり家族が作成した場合等、やむを得ない事情の存在が想定されます。

本人の意思に反して代筆がなされている可能性も否定できないため、こうした代筆書面の提出があった場合には、従業員本人の意思を確認することは必須です。

⑤ ビジネスチャットツール等の場合

Slack、Chatworkをはじめとするビジネスチャットツール、LINEやFacebook Messenger等のコミュニケーションツールによって退職の意思表示をなすことも当然可能ですが、電子メールによる場合と同様、他人が送信している可能性を排除できないため、本人の意思確認を行うことが必要となるでしょう。

織田康嗣　弁護士（ロア・ユナイテッド法律事務所）

Q003 病気により障害が残り、回復の見込みがない社員の家族から提出された退職届は有効か

A 当該社員が家族に退職に係る代理権を与えているなどの事情がない限り、当該社員本人の退職の意思表示と認められず、当該退職届は無効

1 本人の意思表示といえるか

　労働契約は、使用者と労働者本人との間の契約であって、同契約を解消する退職の意思表示も労働者本人からなされる必要があります。労働者本人から委任を受けた代理人として、もしくは労働者本人の意思表示を伝達する使者として、家族から連絡が来る場合は別ですが、病気等によって本人の退職意思を確認することができないまま、労働者の家族が作成し提出した退職届に基づき、労働者本人による退職の意思表示がなされたとは評価できません。

　したがって、労働者本人の意思に基づかずに家族から提出された退職届について、会社がこれを受理したとしても合意解約の効力は生じません。仮に、当該退職届が、一方的に労働契約を解約する旨の辞職の意思表示（民法627条1項に基づく解約告知）だとしても、労働者本人の意思表示でない以上、同様にその効力は生じません。

2 意思能力の欠如

　前述のとおり、病気の労働者の家族から退職届の提出があったとしても、退職の効力を生じさせることができないため、会社としては、本人の明確な意思確認を行う必要があります。本人の退職意思が確認できた

場合には、退職手続きを進めることができるでしょう。

　ただし、病気による障害の程度によっては、意思無能力の状態に陥っている場合もあります。民法3条の2によれば、「法律行為の当事者が意思表示をした時に意思能力を有しなかったときは、その法律行為は、無効とする」と定められており、このような労働者に係る解約告知や合意解約は無効となります。裁判例でも、低酸素脳症によって高次脳機能障害を負った労働者がなした退職の意思表示の有効性について、当時の精神的能力は4歳ないしは5歳の程度であり、事理を弁識する能力としての意思能力の水準に達していないとして、退職の意思表示を無効と解した例があります（農林漁業金融公庫事件　東京地裁　平18.2.6判決）。

　家族による退職届提出後、会社から労働者本人の意思を直接確認するとしても、当該労働者が意思無能力状態であるならば、やはり有効な退職の意思表示と取り扱うことはできません。

③ 休職期間満了に伴う退職または解雇の可能性

　家族による退職届提出後、労働者本人の退職の意思も確認できない場合、当該社員に対して休職制度を適用し、休職期間満了を待って自動退職とすることが検討されます。

　ただし、私傷病休職は解雇猶予のための措置であると解されており、高度障害等で休職期間を経過したとしても就労不能が明らかな場合には、休職期間を置くことなく解雇することができると考えられます。岡田運送事件（東京地裁　平14.4.24判決）では、「原告は、平成13年1月31日まで就労不能と診断されており、仮に休職までの期間6か月及び休職期間3か月を経過したとしても就労は不能であったのであるから、被告が原告を解雇するに際し、就業規則8条に定める休職までの欠勤期間を待たず、かつ、休職を命じなかったからといって、本件解雇が労使間の信義則に違反し、社会通念上、客観的に合理性を欠くものとして解雇

権の濫用になるとはいえない」と判示しています。前記農林漁業金融公庫事件判決においても、客観的に就労能力がないと認められる労働者について、客観的な病状、就労能力とも一致する資料に基づいて就労能力はないと判断し、休職命令を発しなかったことは相当であるとしています。

　このように休職期間満了を待たずに解雇するという対応もあり得るところです。ただし、留意すべきは、民法98条の2により、意思表示の相手方がその意思表示を受けた時に意思能力を有しなかったときは、その意思表示をもって相手方に対抗することができないとされている点です。そのため、当該労働者が意思無能力状態であった場合、会社からの解雇の意思表示をもって当該労働者に対抗することはできません（当該労働者が意思能力を回復し、その意思表示を知った後はこの限りではありません〔民法98条の2ただし書き〕）。このような場合には、当該労働者に成年後見人を立てるよう本人の家族等と交渉した上で解雇を実施するなどの対応が検討されます。

織田康嗣　弁護士（ロア・ユナイテッド法律事務所）

実際に退職代行業者から連絡が届いた際は、どのように対応すればよいか

A 退職の意思表示が本人の意思によるものなのか確認する必要がある。また、退職と矛盾しない行動（貸与物品の返還等）がなされているかについても確認する

1 退職代行とは

　民法627条1項によれば、期間の定めのない労働契約の場合、労働者は2週間の予告期間を置けば、いつでも、理由を要せずに、退職することができます（その一方で、期間の定めのある労働契約で、期間満了を待つことなく期間途中で退職する場合には、会社の了承を得るか、やむを得ない事由が必要となります〔628条〕）。

　このように、期間の定めのない労働契約であれば、法的には2週間前に解約予告を行うことで、当然に労働契約を終了させることができるはずですが、退職届を提出した場合に会社から強い反発が予想されるなど、何らかの理由で労働者が解約告知を行うことができない場合があります。

　退職代行とは、このような場合に、労働者に代わって退職の意思表示を伝達するサービスのことをいいます。

2 弁護士法との関係

　弁護士法72条は、「弁護士又は弁護士法人でない者は、報酬を得る目的で訴訟事件（中略）その他の法律事務を取り扱い、又はこれらの周旋をすることを業とすることができない」と規定しています。ここでいう

「法律事務」とは、法律上の効果を発生、変更する事項の処理や、法律上の効果を保全、明確化する事項の処理をいうと解されています（東京地裁　平29.2.20判決）。

　退職の意思表示を行うことは、まさに労働契約の終了という効果を発生させるわけですから、報酬を得る目的で、弁護士でない者がこれを「代理人」として行うことは「法律事務」に該当する（非弁行為）と解される可能性があります。そして、弁護士法72条に違反する委任契約は、民法90条に照らし無効となると解されており（最高裁一小　昭38.6.13判決）、非弁行為によってなされた退職手続きは無効となってしまう恐れもあります。

③ 実務上の対応

　しかしながら、実務上は、弁護士法72条の問題を回避すべく、退職代行業者から連絡が来る場合も、本人の署名押印入りの退職届が送付されるなど、あくまで退職の意思表示を行うのは労働者本人であるという建前にされているケースが少なくありません（あくまで退職代行業者は、労働者本人の退職の意思表示を伝達する「使者」という位置づけです）。

　労働者本人に代わって意思表示を行う「代理人」ではなく、あくまで「使者」ということであれば、法律上の制限はありません。このような場合にまで、弁護士法72条を理由に退職手続きを拒むことは得策とはいえないと考えられます。

　ただし、書面の送付のみでは、退職届の署名押印が労働者本人のものなのか、労働者本人の意思に基づいてなされたものなのか図りかねることがあります。そのため、本人の意思によるものなのかについて疑義が生じた場合には、本人に対して、もしくは、退職代行業者を通じて、その労働者本人の意思確認を行うことが必要でしょう。また、会社からの

貸与物品が本人から返却されたり、社宅（寮）からの退去手続きがなされたりするなど、退職の意思表示に合致する行動が別途取られているのであれば、これらも踏まえて本人の意思確認とすることも検討されます。

④ 引き継ぎ未了への対応

　退職代行業者を用いた退職の意思表示がなされる場合、当該労働者とは連絡が取れず、そのまま出勤しないまま（年次有給休暇を消化した上で）退職となるケースも少なくありません。業務の引き継ぎが一切なされず、実際に会社に損害が発生した場合には、損害賠償請求の対象になり得ます（入社直後における突然の退職による損害賠償を一部認めた例として、ケイズインターナショナル事件　東京地裁　平4.9.30判決）。

　しかしながら、損害の立証や、引き継ぎ未了と損害との因果関係の立証は容易ではなく、引き継ぎ未了を理由とする損害賠償請求が認められる場面は限定的ともいえます。とはいえ、退職代行業者を利用して労働者が退職する場合であっても、悪質な引き継ぎ未了に関し、損害賠償請求をなし得ることに変わりありません。

織田康嗣　弁護士（ロア・ユナイテッド法律事務所）

令和2（2020）年4月の改正民法に伴い、退職ルールはどのように変わったか

A 期間の定めのある雇用契約において、10年経過しなければ解除できない場合等の定めが変更された。期間によって報酬を定めた場合を含めて、労働者からの解約（辞職）の予告期間が2週間に統一された

1 期間の定めのある雇用契約の解除についての民法の規定

　改正（平成29〔2017〕年5月26日、「民法の一部を改正する法律」〔平29.6.2　法律44〕が成立、令和2〔2020〕年4月1日から施行）前民法は、終身の間継続する雇用を許容し、また、商工業の見習いを目的とする雇用の場合には、10年経過しなければ解除できない場合を定める（626条1項）など、拘束が長期にわたることを認めていました。

　しかしながら、そうした拘束は妥当とは考えられなくなったため、改正民法において5年を超える期間の雇用契約か、または終期が不確定の雇用契約については、5年を経過した後はいつでも解除できるものと変更されました。

2 上記①の改正による影響の程度

　ただし、そもそも、今日の雇用契約は、ほとんどが労基法の適用を受けます。そのため、一定の事業の完了に必要な期間を定めるもののほかは3年（厚生労働省の定める専門的知識等を有する労働者または60歳以上の労働者については5年）以内の期間で雇用契約を締結しなければなりません（14条1項）。

　そのため、上記①の改正による実務上の影響はほとんどないものと考

えられます。

③ 労働者からの解約（辞職）の予告期間を２週間に統一

改正前民法においては、①６カ月未満の期間によって報酬を定めた場合には、当期の前半に次期以後の解約の申し入れをする必要があること、②６カ月以上の期間によって報酬を定めた場合には、３カ月前に解約の申し入れをする必要があることが定められており（627条２項・３項）、これは使用者・労働者いずれからの解約であっても適用されました。

改正民法では、627条２項・３項は、労働者からの解約（辞職）には適用されないこととなりました。

そのため、改正民法では、期間によって報酬を定めた場合を含めて、労働者からの解約（辞職）の予告期間が２週間に統一される（期間の定めのない雇用契約において労働者はいつでも、２週間の予告による辞職が可能となる〔627条１項〕）ことになります。

■参考条文

【改正前民法】

（期間の定めのある雇用の解除）

第626条　雇用の期間が５年を超え、又は雇用が当事者の一方若しくは第三者の終身の間継続すべきときは、当事者の一方は、５年を経過した後、いつでも契約の解除をすることができる。ただし、この期間は、商工業の見習を目的とする雇用については、10年とする。

２　前項の規定により契約の解除をしようとするときは、３箇月前にその予告をしなければならない。

（期間の定めのない雇用の解約の申入れ）

第627条　当事者が雇用の期間を定めなかったときは、各当事者は、いつでも解約の申入れをすることができる。この場合において、雇

用は、解約の申入れの日から2週間を経過することによって終了する。

2　期間によって報酬を定めた場合には、解約の申入れは、次期以後についてすることができる。ただし、その解約の申入れは、当期の前半にしなければならない。

3　6箇月以上の期間によって報酬を定めた場合には、前項の解約の申入れは、3箇月前にしなければならない。

【改正民法】

（期間の定めのある雇用の解除）

第626条　雇用の期間が5年を超え、又はその終期が不確定であるときは、当事者の一方は、5年を経過した後、いつでも契約の解除をすることができる。

2　前項の規定により契約の解除をしようとする者は、それが使用者であるときは3箇月前、労働者であるときは2週間前に、その予告をしなければならない。

（期間の定めのない雇用の解約の申入れ）

第627条　当事者が雇用の期間を定めなかったときは、各当事者は、いつでも解約の申入れをすることができる。この場合において、雇用は、解約の申入れの日から2週間を経過することによって終了する。

2　期間によって報酬を定めた場合には、使用者からの解約の申入れは、次期以後についてすることができる。ただし、その解約の申入れは、当期の前半にしなければならない。

3　6箇月以上の期間によって報酬を定めた場合には、前項の解約の申入れは、3箇月前にしなければならない。

中村仁恒　弁護士（ロア・ユナイテッド法律事務所）

Q006 退職願を一定期間前までに提出させ、「会社の承認がなければ退職できない」とする就業規則の定めは問題か

A 「会社の承認がなければ退職できない」とする就業規則は無効。退職願につき、2週間を超える期間前までに提出させる旨の就業規則の定めも、無効と判断される可能性が高い

---

1 退職願および退職届の法的性質

　退職願や退職届（以下、退職願等）の提出のような退職の申し出は、法的には、辞職の意思表示か合意解約の申し込みと評価されます。そして、退職の申し出が辞職の意思表示と評価された場合には、労働契約は労働者の一方的な意思表示によって解約され、労働者はその後退職の申し出を撤回することができません。他方、合意解約の申し込みと評価された場合には、使用者の承認があって初めて労働契約は解約されるので、労働者は、使用者が承認するまでは退職の申し出を撤回することができます。

　裁判例においては、辞職の意思表示は、生活の基盤たる従業員の地位を直ちに失わせる旨の意思表示であることから、その認定を慎重に行うべきであるとして、雇用者の態度にかかわらず、確かに労働契約を終了させる旨の意思が客観的に明らかな場合のみを辞職の意思表示と解し、それ以外の場合には合意解約の申し込みと解しています（株式会社大通事件　大阪地裁　平10.7.17判決）。

　そして、退職願等が辞職の意思表示と合意解約の申し込みのどちらに該当するかは、当該退職願等の文言のみならず、労働者の態度や退職願等を提出するに至った経緯等の事実関係を総合的に考慮して判断されます。

② 退職許可制の有効性

　民法627条1項によれば、期間の定めのない雇用契約においては、退職願等が辞職の意思表示と評価される場合、辞職の意思表示後2週間の経過によって、退職の効果が当然に生じることになります。他方、期間の定めのある雇用契約においては、労働者は、「やむを得ない事由」（例えば、病気やけがによって業務を遂行することができない場合等）がある場合であれば、直ちに退職することができます（628条）。したがって、民法上は、労働者が辞職の意思表示をした場合、会社の許可なく退職することができます。

　そこで、就業規則において、「会社の承認がなければ退職できない」という退職許可制を定めることはできるのかが問題となります。この点、裁判例においては、退職許可制の規定を民法627条1項が定める2週間の解約予告期間経過後においてもなお解約の申し入れの効力発生を使用者の承認にかからしめる特約であると解するなら、2週間経過後も使用者の承認があるまで労働者は退職し得ないことになり、労働者の解約の自由を制約することになるため、無効と解されています（日本高圧瓦斯工業事件　大阪地裁　昭59.7.25判決）。したがって、「会社の承認がなければ退職できない」とする就業規則の定めは無効です。

③ 就業規則で民法よりも長い予告期間を設定できるか

　前述のとおり、民法上、期間の定めのない雇用契約の場合は、2週間の予告期間を定めることで労働者は退職することができます。では、この予告期間を就業規則において伸長することは可能でしょうか。

　この点、学説の中には、労基法20条1項で解雇の予告期間を30日以上としていることとのバランスから、労働者による退職の予告期間も1カ月まで延長できると解する説もあります。

　もっとも、裁判例においては、民法627条や労基法14、16、17、18条の規定の趣旨から、法は労働者の解約の自由を保障しようとしているとして、2週間の予告期間は、使用者のために延長することはできないとするものもあります（高野メリヤス事件　東京地裁　昭51.10.29判決、広告代理店Ａ社元従業員事件　福岡高裁　平28.10.14判決）。また、退職希望日の3カ月前までに退職届の提出を義務づける就業規則の規定に違反したことは、退職金の支給を拒む根拠にはならないとした裁判例もあります（プラスエンジニアリング事件　東京地裁　平13.9.10判決）。

　したがって、就業規則において、2週間よりも長い退職の予告期間を設けたとしても、無効と判断される可能性が高いといえます。

松本貴志　弁護士（ロア・ユナイテッド法律事務所）

「一方的な無断退職を認めない」とすることは可能か。それでも辞めた場合、退職金を減額または不支給にできるか

A 労働者には退職の自由があるので、「一方的な無断退職を認めない」とすることはできない。もっとも、無断退職に係る事情次第では、退職金を減額・不支給とすることは可能な場合がある

1　一方的な退職を拒否できるか

　Q6に記載のとおり、労働者には退職の自由があります。したがって、労働者が一方的に退職を申し出た場合でも、それが辞職の意思表示に当たる場合には、期間の定めのない雇用契約においては、原則として2週間が経過すれば退職の効果が生じます（民法627条1項）。なお、会社は、労働者の一方的な退職を拒否することはできません。

他方、期間の定めのある雇用契約においても、退職する「やむを得ない事由」がある場合には、労働者は、辞職の意思表示によって、直ちに退職することができます（同法628条）が、「やむを得ない事由」がない場合には、会社は労働者に対して、勤続を求めることができます。もっとも、そのような場合でも、会社は労働者の就労を強制することは、事実上できません。

② 退職金の減額・不支給の可否

　退職金は、一般的に、賃金の後払い的性格を持つとともに、功労報償的性格も有するといわれています。そして、退職金の減額・不支給の適法性について裁判所は、「永年の勤続の功労を抹消させてしまうほどの不信行為」があったか否かにより判断しています。したがって、就業規則において定められた退職金の減額・不支給事由が「永年の勤続の功労を抹消させてしまうほどの不信行為」に当たる場合には、当該条項は合理性を有し、有効といえます。

　裁判例においては、「退職願届出後、14日間正常勤務しなかった者には退職金を支給しない」旨の覚書の有効性を肯定したものがあります（大宝タクシー事件　大阪地裁　昭57.1.29判決）。また、就業規則の不利益変更についての事案ではありますが、退職予定日の14日以内という直前に退職を申し出た場合には退職金を減額・不支給とする条項について、当該条項に変更することの合理性を肯定したものがあります（洛陽総合学院事件　京都地裁　平17.7.27判決）。同裁判例においては、直前に退職を申し出ることによる業務への支障の程度が重視されました。

　他方、「退職金は円満退職者以外には支払わない」との規定について、当該規定を有効と認めることは、すなわち退職金をもって労働契約の債務不履行についての損害賠償に充てることに帰着するため、労基法16条および同法24条に反するとして、無効と判断した裁判例もあります

（栗山製麦事件　岡山地裁玉島支部　昭44.9.26判決）。

　以上の裁判例を踏まえると、会社の承認がない退職の場合には退職金を減額・不支給とする条項は無効となる可能性が高いです。一方で、退職日の直前に退職を申し出た者について退職金を減額する旨の条項は、有効と判断される可能性があるといえます。

　退職金の減額・不支給条項が有効であるとしても、その条項を実際に適用するためには、当該労働者に「永年の勤続の功を抹消してしまうほどの重大な不信行為」があるといえなければなりません（小田急電鉄［退職金請求］事件　東京高裁　平15.12.11判決等）。この判断に当たっては、個別の事案ごとに当該労働者が退職を申し出た時期、退職による業務への支障の程度、退職理由、退職金の減額の程度等が総合考慮されます。芝海事件（東京地裁　令元.10.17判決）でも、元従業員らは同一日を退職日とする退職届を提出しており、元従業員らが退職日を申し合わせたことが推認されるものの、それによって会社の経営や業務に支障が生じたと認めるに足りる証拠はないから、長年の功労を減殺または抹消するほどの著しい背信行為であるとはいえず、元従業員らの退職手当を不支給または減額すべき事由があるとは認められないとされています。

　以上のとおり、会社が無断退職した社員の退職金を減額・不支給とするためのハードルは高いです。したがって、会社としては、退職についての慎重なルールづくりおよびその周知、ならびに退職社員との話し合いにより円満退職となるよう努めるべきです。

松本貴志　弁護士（ロア・ユナイテッド法律事務所）

退職願や退職届の撤回は認めなければならないか

 退職願や退職届の提出が辞職の意思表示と解される場合には、撤回を認めなくてよい。他方、合意解約の申し込みと解される場合には、使用者が退職を承認する前の撤回は認めなければならない

① 辞職の意思表示と合意解約の申し込みの区別

Q6のとおり、退職の申し出は、辞職の意思表示と解される場合と、合意解約の申し込みと解される場合があります。

辞職の意思表示は、会社に対して意思表示がなされた時点で効力が生じるため、労働者は会社の同意なくして撤回することはできません。他方、合意解約の申し込みは、使用者の承認の意思表示があって初めてその効力が生じるので、使用者の意思表示がなされるまでの間は、労働者は辞職の申し込みを撤回することができるのが原則です（大隈鉄工所事件　最高裁三小　昭62.9.18判決）。

このように、辞職の意思表示と合意解約の申し込みとでは、その法的効果が大きく異なりますので、その区別が問題となります。

この点、株式会社大通事件（大阪地裁　平10.7.17判決）は、辞職の意思表示は、従業員の地位を直ちに失わせる旨の意思表示であるから、その認定は慎重に行うべきであって、労働者による退職または辞職の表明は、使用者の態度いかんにかかわらず確定的に雇用契約を終了させる旨の意思が客観的に明らかな場合に限り、辞職の意思表示と解すべきであり、そうでない場合は、雇用契約の合意解約の申し込みであると判断しています。

② 合意解約の申し込みの撤回の可否

前記のとおり、労働者による退職の申し出は、通常は合意解約の申し込みと解されます。

合意解約の申し込みの場合、裁判例においては、労働者は、使用者の承認の意思表示がなされるまでは、使用者に不測の損害を与える等信義に反すると認められるような特段の事情がない限り、これを撤回することができるとされています（大隈鉄工所事件　名古屋高裁　昭56.11.30判決、学校法人白頭学院事件　大阪地裁　平9.8.29判決）。

では、合意解約の申し込みの撤回が許されないとされる、「使用者に不測の損害を与える等信義に反すると認められる」場合とは、具体的にどのような場合をいうのでしょうか。この点、佐土原町土地改良区事件（宮崎地裁　昭61.2.24判決）は、使用者が、業務量減少の対策として人員削減のために労働者の当月解職を前提に手続きを進めていたところ、当該労働者から4カ月後に退職するのでそれまでは雇用してほしいと要請されたため、使用者はこれを受け入れて退職願（合意解約の申し込み）を受理したところ、その退職する月になって当該労働者が退職願の撤回をしたという事案において、退職願の撤回を認めることは、事業に大きな混乱と不測の損害を与えるとして、撤回は信義に反し許されないと判断しました。

③ 合意解約の申し込みに対する使用者の承認

上記のとおり、合意解約の申し込みは、原則として使用者の承認がある前までは撤回することができます。使用者の承認がなされたか否かは、個別の事案ごとに、退職の受理権限を有する者により退職が受理されたか否かを重視して判断されます。

前掲大隈鉄工所事件の最高裁判決（最高裁三小　昭62.9.18）は、退職

願に対する承認は、当該労働者の能力、人物、実績等について掌握し得る立場にある人事部長が単独でこれを決定する権限があるとして、人事部長が退職願を受理したことをもって合意解約の成立を認めました。また、ネスレ日本（合意退職・本訴）事件（東京高裁　平13.9.12判決）は、退職願を受け取った工場長が、退職願を受理・承認したので同日付で退職となる旨を記載した通知書を当該労働者に交付した時点で、合意解約が成立したと判断しています。逆に、常務取締役には単独で退職承認を行う権限はなかったとして、常務による退職願の受理の翌日になされた退職願の撤回が有効と認められた例もあります（岡山電気軌道事件　岡山地裁　平3.11.19判決）

　したがって、労働者に退職願の撤回をさせないためには、退職の受理権限がある者が直ちに当該労働者に対して受理通知を交付する必要があります。

松本貴志　弁護士（ロア・ユナイテッド法律事務所）

 不正の有無の調査や業務引き継ぎのため、退職日の変更を命じてもよいか

 いかなる理由であれ、使用者から一方的に退職日の変更を命じることはできない。退職日を変更するには、労働者との合意が必要

1　労働者が辞職の意思表示をした場合の退職日

　Q6・Q8のとおり、労働者の退職の申し出には、辞職の意思表示と解される場合と、合意解約の申し込みと解される場合とがあります。

　辞職の意思表示と解される場合には、期間の定めのない労働契約においては、辞職の意思表示から2週間が経過することによって、当然に退職の効力が生じます（民法627条1項）。他方、期間の定めのある労働契約においては、労働者は、「やむを得ない事由」がある場合に限り、直ちに退職の効力が生じます（同法628条）。また、Q6のとおり、就業規則において民法627条1項の定める2週間の予告期間を伸長する規定を定めたとしても、無効と判断される可能性が高いです。

　したがって、期間の定めのない雇用契約を締結している労働者が辞職の意思表示をした場合には、2週間の経過によって退職の効力が生じるとされる可能性が高いといえます。

② 不正の有無の調査を理由とする退職日の変更命令の可否

　上記①の取り扱いは、仮に労働者が退職を申し出た後に、当該労働者が在職中に何らかの不正をしたことの疑義が生じ、不正の有無を調査する必要性が生じた場合でも変わりはなく、使用者が一方的に当該労働者の退職日を変更することは許されません。

　つまり、期間の定めのない雇用契約において、使用者は、労働者の不正の事実に対する懲戒処分をする場合には、労働者が辞職の意思表示をした日から2週間以内に、不正の調査、事実確認、懲戒処分等の処分の決定、決定した当該処分の実行をしなければなりません。

　なお、仮に退職の効果が発生した後に労働者の不正が発覚した場合には、既に雇用関係が終了しているので、使用者は当該労働者に対して懲戒処分をすることはできません。そのような場合には、使用者は、当該労働者の退職金を減額したり、不支給としたりする（既に労働者に退職金を支給していた場合には返還を求める）ことが考えられますが、このような退職金の減額・不支給条項を就業規則等において定めておく必要があります。

③ 業務の引き継ぎを理由とする退職日の変更命令の可否

　労働者が退職日の直前に退職を申し出たことにより、業務の引き継ぎに重大な支障が生じる場合でも、使用者は当該労働者に対して退職日の変更を命じることはできず、辞職の意思表示の日から2週間の経過によって退職の効果が生じます（民法627条1項）。したがって、使用者としては、当該労働者との話し合いによって退職日を延期するよう説得するほかありません。

　また、労働者が辞職の意思表示をした後、残りの2週間の在職期間のすべてについて年休権を行使することも考えられます。このような場合には、使用者は年休の時季変更権（労基法39条5項ただし書き）を行使することもできません（代々木自動車事件　東京地裁　平29.2.21判決。Q17も参照）。したがって、使用者は、話し合いにより労働者に退職日と年休の取得日を調整してもらい、年休に入る前に業務の引き継ぎを完了するよう説得するか、残余年休の買い上げを申し出るのが実務的な対応といえます。

松本貴志　弁護士（ロア・ユナイテッド法律事務所）

休職期間満了を理由として退職扱いとすることは可能か。私傷病の場合はどうか

A 私傷病による休職期間の満了後、なお復職が不可能な場合には、退職扱いとすることも可能だが、復職可否の判断は、会社指定の専門医を受診させるなどして慎重に行うべき

1 休職の意義と種類

　休職とは、従業員について労務に従事させることが不能または不適当な事由が生じた場合に、労働契約関係を維持させつつ、使用者が当該従業員に対し労務への従事を免除または禁止することをいいます。休職は通常、使用者の一方的な命令によってなされます。

　休職には、他社への出向期間中になされる出向休職のように、「就労免除措置」としてなされるものや、私傷病により就労できず長期欠勤が続く場合になされる私傷病休職のように、「解雇猶予措置」としてなされるものなど、さまざまな種類があります。

　「就労免除措置」としての休職の場合には、休職事由が消滅した後は復職することが予定されており、他方「解雇猶予措置」としての休職の場合は、休職期間が満了した後は自然退職または解雇が予定されています（日本ヒューレット・パッカード［休職期間満了］事件　東京高裁平28.2.25判決等）。

2 私傷病休職の満了による退職扱いの合理性

　労働者が私傷病により長期にわたって労務の提供ができない状況が続いている場合、本来は普通解雇事由にも該当します。しかし、解雇につ

いては、解雇権濫用法理（労契法16条）が妥当し、厳格に判断されます。そこで、直ちに解雇せず、休職により一定期間治療に専念させ、それでも治癒しない場合には自然退職扱いまたは解雇するという取り扱いは、労働者にとっても有利なものになるので、一定の合理性が認められます（電機学園事件　東京地裁　昭30.9.22決定）。

③ 復職可否の判断

　多くの就業規則においては、私傷病休職の休職期間中に傷病が治癒すれば復職となり、治癒しなければ自然退職または解雇となる旨の規定が定められています。そこで、実務上は、当該労働者が休職期間満了時に復職可能か否かを巡って紛争となることが多いです。

　この点、裁判例では、労働契約において職種や業務内容の限定がある場合には、「従前の職務を通常の程度に行える健康状態に回復した」ときに復職可能としています（名港陸運事件　名古屋地裁　平30.1.31判決）。他方、労働契約において職種や業務内容に限定がない場合について、片山組事件（最高裁一小　平10.4.9判決）は、「現に就業を命じられた特定の業務について労務の提供が十全にはできないとしても、（中略）当該労働者が配置される現実的可能性があると認められる他の業務について労務の提供をすることができ、かつ、その提供を申し出ているならば、なお債務の本旨に従った履行の提供があると解するのが相当である」とし、その後多くの裁判例が同判例を引用しています。つまり、傷病休職期間の満了時において従前の業務に復帰できる状態ではないとしても、現実的に配置可能なより軽易な業務がある場合には、復職可能と判断され、退職扱いや解雇を行った場合には無効とされます。したがって、会社は本人の希望を聞きつつ、本人の能力や経験等に照らして配置可能な別の業務がないかを検討するべきです。

④ 復職の判断に当たり使用者が取るべき措置

　近似の裁判例においては、復職可能か否かの判断において、労働者の主治医の診断書を重視する傾向にあり（キヤノンソフト情報システム事件　大阪地裁　平20.1.25判決）、会社がそれを排除するためには、医学的知見に基づく十分な証拠が必要です。したがって、会社は、労働者の主治医の診断書・意見書等に疑念がある場合には、主治医への意見聴取を実施したり、当該労働者に会社の指定する専門医等の受診を命じたりするべきです。「可能であればストレスの少ない職場への復帰が望ましい」等の留保がある診断書に関する日本通運事件（東京地裁　平23.2.25判決）は、診断書の信用性に疑問を抱いたことは合理的としています。

　また、当該労働者にリハビリ勤務を実施して、慎重に復職の可否を判断するという方法も有効です。日本テレビ放送網事件（東京地裁　平26.5.13判決）は、復職プログラムへの協力拒否等を理由とする復職拒否を認めています。

松本貴志　弁護士（ロア・ユナイテッド法律事務所）

退職の意思表示はどのような場合に無効とされるか

A 心裡留保、錯誤、詐欺、強迫など労働者の退職の意思表示に瑕疵がある場合において、当該意思表示の取り消しがなされた場合などに無効となる

1 意思表示の瑕疵

　退職において多く問題となり得る意思表示の瑕疵（法律上何らかの欠点・欠陥があること）は、次の場合です。

①心裡留保：真意ではない意思表示であって、かつ表意者が表示と真意の不一致を認識している場合をいう（潮見佳男『民法（全）第2版』［有斐閣］48ページ、民法93条）
②錯誤：表意者の認識しないところで表意者の主観と現実との間に食い違いがある場合をいう（前掲『民法（全）第2版』51ページ、民法95条）
③強迫：民法96条

　以下では、①～③の各場合において、退職の意思表示が無効と判断された事例を紹介します。

2 心裡留保

　心裡留保による意思表示は、原則として有効となりますが、相手方が、当該意思表示が表意者の真意でないことを知り、または知ることができた場合には、例外的に無効となります。なお、心裡留保においては、取

り消しの意思表示をせずとも無効となります。

　裁判例においては、当該労働者が、反省の意を強調する意味で退職願を提出したもので実際には退職する意思を有していなかったものと認め、また、当該労働者が退職願を提出する際に勤務継続の意思を有することを表明していたことなどから、上司も同人に退職の意思がないことを知っていたとして、心裡留保により退職の意思表示が無効とされた例（昭和女子大学事件　東京地裁　平4.2.6決定）があります。

　前記のとおり、心裡留保による意思表示の無効は、当該意思表示が表意者の真意でないことを知ることができた場合にも認められますので、労働者が退職の意思表示をした際には、使用者としては、その真意を確認する必要があるでしょう。

③　錯誤

　錯誤による意思表示は、原則として取り消すことができます。なお、平成29年の民法改正により、錯誤は、無効事由ではなく、取消事由となりました。

　裁判例においては、まず、上司から、退職しなければ勤務成績不良で解雇するという退職勧奨を受けて退職した労働者が、客観的には解雇事由がないにもかかわらず、これがあると誤信したことについて動機の錯誤があり、その錯誤につき重過失がないとして、退職の意思表示を無効とした例（昭和電線電纜事件　横浜地裁川崎支部　平16.5.28判決）があります。また、勤怠の虚偽申告等が発覚したことにより、自主退職しなければ懲戒解雇されるものと信じてなされた退職の意思表示の動機は、懲戒解雇を避けるためであることを黙示的に表示したものと認められるとし、動機の錯誤による退職の意思表示として無効とした例（富士ゼロックス事件　東京地裁　平23.3.30判決）もあります。

　錯誤による意思表示の事案においては、上記のように、退職の意思表

示をした動機が、普通解雇または懲戒解雇を避けることにあることが多く、解雇事由がないにもかかわらず、これがあると誤信した場合に、動機の錯誤が認められ得ることとなります。そこでは、解雇事由が認められるか否かが結論に大きな影響を与えるものといえるでしょう。

④ 詐欺・強迫

　詐欺や強迫による意思表示についても、原則として取り消すことができます。裁判例においては、入社間もない未成年の女性従業員が営業所長室に呼び出され、営業所所長らから、男性従業員との間の情交が懲戒解雇事由に当たるなどと難詰され、退職届を提出するに至った事案につき、強迫取り消しが認められた例（石見交通事件　松江地裁益田支部昭44.11.18判決）があります。

　また、使用者が、客観的に相当な理由がないにもかかわらず、懲戒解雇や刑事告訴の可能性を告知して労働者から退職届を提出させるに至ったことについて、労働者を畏怖させるに足りる強迫行為であるとして、退職の意思表示の取り消しを認めた例（ニシムラ事件　大阪地裁　昭61.10.17決定）や、新店舗の開店計画を秘匿して、旧店舗の閉店を理由に従業員を全員解雇する旨告げた事案において、退職合意の存在を否定した上で、仮に退職合意があったとしても、新店舗の開店計画を秘したまま旧店舗の閉店を告げたものであることから、退職合意の意思表示は、詐欺を理由とする取り消しにより無効もしくは要素の錯誤により無効であると判断した例（ジョナサンほか1社事件　大阪地裁　平18.10.26判決）もあります。

　詐欺や強迫による意思表示についても、解雇を示唆されて退職の意思表示を行う例が多く、錯誤の場合と同様に、解雇事由が客観的に認められるか否か、解雇が社会通念上相当と認められるか否かが大きなポイントとなるでしょう。

⑤ 退職合意の有無

なお、意思表示に瑕疵がある場合ではありませんが、妊娠中の女性労働者が使用者からの提案を受けて派遣会社に登録し、当該使用者との関係では退職扱いとなった事案において、妊娠中の退職合意の有無については、男女雇用機会均等法1条、2条、9条3項の趣旨に照らし、特に当該労働者が自由意思に基づいて合意したと認めるに足りる合理的な理由が客観的に存在するかを慎重に判断すべきとした上で、合意解約の成立を否定したもの（TRUST事件　東京地裁立川支部　平29.1.31判決）もあります。

退職合意の有無に関しては、労働者は退職という不利益を伴うことから、当該労働者が自由意思に基づいて合意したと認めるに足りる合理的な理由が客観的に存在するかが重要となります。

中野博和　弁護士（ロア・ユナイテッド法律事務所）

懲戒処分としての「諭旨退職」は退職として扱うのか、それとも通常解雇となるのか

諭旨退職は、懲戒処分の一つであるから、通常の退職や通常解雇とは異なる。解雇予告手当や退職金の支払いなどが問題となり得るが、それぞれ事案に即した対応が必要

① 懲戒処分としての諭旨退職

諭旨退職（解雇扱いとする場合には「諭旨解雇」ともいうが、諭旨解雇の場合も含め、以下、諭旨退職）に明確な定義はないものの、使用者

が、労働者に対し、一定の期間内に退職願や辞表を提出することを勧告し、当該期間内にこれに応じない場合には懲戒解雇を行う処分として就業規則に定められている例が多く見られます。

　諭旨退職は、懲戒解雇を軽減した懲戒処分として定められているため、懲戒処分としての法的規制に服します。

　また、諭旨退職は、退職願や辞表を提出することを含めて処分を構成しているため、労働者が退職願や辞表を提出した場合であっても、当該労働者は、諭旨退職処分の効力を争うことができます（りそな銀行事件　東京地裁　平18.1.31判決）。

② 解雇予告手当の支払い

　使用者が労働者を解雇しようとする場合、少なくとも30日前にその予告をしなければならず、30日前に予告をしない使用者は、30日分以上の平均賃金を支払わなければなりません（労基法20条1項本文）。この場合において支払うものとされている30日分以上の平均賃金を解雇予告手当といいます。

　解雇予告手当は、天災事変その他やむを得ない事由のために事業の継続が不可能となった場合、または労働者の責に帰すべき事由に基づいて解雇する場合、支払う必要はありません。そのため、諭旨退職が、「労働者の責に帰すべき事由」に当たるのかは問題となり得ます。

　裁判例には、社長等に対する暴言を理由として諭旨解雇処分となった事案において、懲戒処分としての諭旨解雇となったことを理由に、「労働者の責に帰すべき事由」に当たるとして解雇予告手当の支払いを不要としたもの（中島商事事件　名古屋地裁　昭49.5.31判決）があります。そのため、このような裁判例からすれば、諭旨退職が「労働者の責に帰すべき事由」に当たる余地はあるものといえるでしょう。

　もっとも、「労働者の責に帰すべき事由」については、行政解釈上、「労

働者の地位、職責、継続勤務年限、勤務状況等を考慮の上、総合的に判断すべきであり、『労働者の責に帰すべき事由』が法第20条の保護を与える必要のない程度に重大又は悪質なものであり、従って又使用者をしてかかる労働者に30日前に解雇の予告をなさしめることが当該事由と比較して均衡を失するようなものに限って認定すべきものである」とされています（昭23.11.11　基発1637、昭31.3.1　基発111）。

　そのため、諭旨退職となったからといって、一律に解雇予告手当を支払う必要がないということにはならず、労働者の帰責性に即した対応が必要となるでしょう。

③ 退職金の支払い

　懲戒解雇などによって会社を去ることになる場合、退職金につき全額不支給ないし減額とされる旨、就業規則に規定されている例は多く見られます。

　退職金を全額不支給ないし減額とするには、労働者のそれまでの勤続の功労を抹消ないし減殺してしまうほどの著しく信義に反する行為があったことを要するものとされています（NTT東日本［退職金請求］事件　東京高裁　平24.9.28判決）。

　懲戒解雇の場合には、それが業務上の非違行為によるものであるか、私生活上の非違行為によるものであるかによっても異なるところもあると思われますが、退職金を全額不支給とすることが多いです。

　他方、諭旨退職の場合には、自己都合退職となることが多いものの、退職金を全額支給または一部支給とするケースが多く見られます。このことは、諭旨退職処分を受けた労働者が、会社の勧告に応じて退職願や辞表を提出する動機として機能しているといえるでしょう。

　　　　　　　　　　　　中野博和　弁護士（ロア・ユナイテッド法律事務所）

行方不明社員は一定期間経過後に退職扱いとしてよいか

A 就業規則等に行方不明を自然退職事由とする定めがあれば可能。そのような定めがない場合、雇用関係の終了には解雇が必要となる。解雇の意思表示は、「公示による意思表示」の手続きにより行う

1 長期欠勤を理由とする解雇は可能

　従業員が行方不明となり、長期の欠勤を続ける場合があります。こうした場合、"一定期間勤務しない場合は自然退職とする" ような定め（**3** で後述）がない限り、当然に退職扱いとすることはできません。しかし、普通解雇理由はあり、労基法の解雇手続きを取る限り、解雇は有効とされるでしょう。さらに、いわゆる "クレサラ問題"（クレジット会社やサラ金業者等による過酷な取り立て、多重債務、利息の過払い等を巡る問題）による失踪のように、従業員の責任による欠勤の場合には懲戒解雇もあり得ます（岩出 誠『労働法実務大系 第2版』〔民事法研究会〕540ページ）。

2 解雇の意思表示の方法

　問題は、行方不明社員に対する解雇の意思表示をどのようにすればよいかです。行方不明の相手に対する意思表示については、従業員が未成年の場合は親権者法定代理人である両親に対して行う方法がありますが（民法5条・818条）、それ以外の場合は、民法98条・民事訴訟法110条ないし113条による「公示による意思表示」という裁判所を用いる手続きによらざるを得ません。例えば、地方公務員の事案で、結果的に上告

審で解雇・免職が有効とされましたが（兵庫県社土木事務所事件　最高裁一小　平11.7.15判決）、この手続きが取られていなかったことを理由として解雇が無効とされたことがあります（同事件2審：大阪高裁　平8.11.26判決）。

③ 行方不明を自然退職事由と定めた場合

　対策としては、第一に、一定期間勤務しない場合は当然に自然退職とする規定を就業規則に置いておくことです。例えば、豊田自動織機製作所事件（名古屋高裁　昭48.3.15判決）では、「事故欠勤が1カ月以上で特別の事由が認められないとき」は自然退職となるという定めは、使用者の解雇の意思表示を待つことなく、1カ月の事故欠勤期間満了と同時に自然退職となることを定めたものとされています。

　第二に、上記の「事故欠勤」という言葉には“従業員の都合により出勤していない”という意味が込められている可能性があるので、「原因不明の不出勤」に対応するために、「事故欠勤」という言葉を拡大して定義づけするか、「原因のいかんを問わず、会社に出勤しない状態（欠務）または従業員が会社に届け出た連絡先でも会社が本人と連絡を取れなくなった状態（行方不明）が1カ月以上（業務上の災害による場合には3カ月）経過した場合は自然退職とする」などの規定を置くことです。

　ただし、行方不明は客観的に決まるものであり、電子メール等で連絡が取れている場合はこれに該当しません（O・S・I事件　東京地裁　令2.2.4判決）。

④ 実務対応

　なお、行方不明社員の退職の時期を巡っては、X銀行事件（東京地裁　平17.10.7判決）において、就業規則に「職員が退職を申し出て会社の

承認を得たとき」に退職する旨が定められ、3月8日に原告が退職届を提出し、同月11日に会社が承認決定をしたものと認められ、その後原告が欠勤し、連絡が取れなくなった事案で、同月19日に原告の妻に退職の手続きや私物整理のため本人に連絡を取りたい旨伝えていること等から、遅くとも同19日の時点では原告は退職の承認があったことを知りまたは知ることのできる状態にあったとして、信義則上、会社による退職承認の意思表示は同日原告に到達したと同視すべきであるとされ、会社の退職承認により雇用契約の合意解約の効力を生じ、その後の退職の意思表示の撤回は効力がないとされています。事案の特殊性もありますが、同様の事情がそろう場合には、退職手続き中に連絡不能になった従業員への実務対応上参考となる事例として注目されます。

　また、親族や身元保証人がいる場合の実際の処理としては、親族等から、仮に本人から異議が出た場合には親族らが責任を持って処理する旨の誓約書付きで、従業員の代理人として退職届を提出してもらうような方法が取られています。もちろん法的な効果には問題がありますが、緊急の措置としてはあり得ます。

岩出　誠　弁護士（ロア・ユナイテッド法律事務所）

解雇予告した社員が予告した解雇日よりも前に退職した場合、解雇予告手当は必要か

 予告した解雇日よりも前に労働者が自ら退職（辞職）した場合、支払いは不要。使用者が労働者の同意を得て解雇予告手当の支払いをもって解雇日を繰り上げる場合には支払う必要がある

1 解雇予告手当の趣旨

民法によると、期間の定めのない雇用契約は、原則として2週間の予告期間を置けばいつでも解約できるものと定められています（627条1項）。しかしながら、使用者側からの一方的な解約である解雇については、それによって労働者が被る生活の困窮を緩和するため、労基法において、少なくとも30日前に解雇予告をするように定め、30日前に予告をしない使用者は、30日分以上の平均賃金を支払わなければならないとされています（20条1項）。この30日分以上の平均賃金の支払いが、解雇予告手当です。

予告期間の計算については、労基法に特別の定めが置かれていないため、民法の一般原則により、解雇予告がなされた日は算入されず、その翌日より計算されることになります。

以上より、使用者が解雇を行うためには、少なくとも30日前に労働者に予告をするか、解雇予告手当を支払う必要があります。

なお、1日分の平均賃金を支払った場合、その日数分だけ予告日数を短縮することができます（労基法20条2項）。

② 予告の方法

　前記のとおり、解雇予告は、突然の解雇によって労働者が被る生活の困窮を緩和するために求められるものですから、いつ解雇されるかを労働者が明確に認識できるように解雇の日を特定して予告しなければなりません（厚生労働省労働基準局編『平成22年版　労働基準法・上』労働法コンメンタール③［労務行政］293ページ）。

③ 予告の取り消し

　解雇の予告は、使用者が一方的になす労働契約解除の意思表示ですから、これを一方的に取り消すことはできません（民法540条2項）。したがって、仮に予告後に事情の変更があったとしても、これを一方的に取り消すことはできません。

　もっとも、労働者が自由な意思により取り消しに同意を与えた場合には、取り消すことができるものと考えられています。

　解釈例規においては、「使用者の行った解雇予告の意思表示は、一般的には取消すことを得ないが、労働者が具体的事情の下に自由な判断によって同意を与えた場合には、取消すことができるものと解すべきである。解雇予告の意思表示の取消に対して、労働者の同意がない場合は、自己退職の問題は生じない」とされています（昭25.9.21　基収2824、昭33.2.13　基発90）。

④ 予告後における解雇月日の変更

　労基法20条2項により、予告日数と解雇予告手当との日割り換算が認められているため、同手当を支払うことで当初予告した解雇日よりも前に解雇できるかが問題となります。例えば、当初30日前に解雇を予告

した場合に、20日分の解雇予告手当を支払って、解雇日を20日繰り上げる（前倒しする）ことができるかという問題です。

　これについては、いったん特定してなされた解雇月日を繰り上げることは、その限りにおいて解雇予告の取り消し変更となるので、たとえ短縮した日数に相当する解雇予告手当の支払いがなされても、使用者が一方的に変更することはできないと解釈されています。もっとも、解雇予告手当の支払いを条件として、予告月日の変更について労働者が同意した場合には、解雇予告手当の支払いをもって解雇日の変更ができるとされています（前掲『平成22年版　労働基準法・上』297ページ）。

　よって、使用者が、解雇予告手当の支払いをもって解雇日を繰り上げることを提案し、労働者がこれに同意した結果として退職日を繰り上げるような場合には、解雇予告手当の支払いが必要となります。

⑤　予告した解雇日よりも前に労働者が自ら退職（辞職）した場合

　解雇予告がなされても、予告期間が満了するまでは、雇用関係は有効に存続しているため、予告期間が満了するまでに労働者が自ら退職（辞職）することも可能です。その場合、使用者が予告期間を短縮するわけではありませんので、解雇予告手当の支払いは不要です。

⑥　まとめ

　以上より、使用者が解雇予告手当の支払いをもって解雇日を繰り上げることを提案し、労働者がこれに同意した結果として退職日を繰り上げるような場合には、解雇予告手当の支払いが必要となりますが、予告期間が満了する前に労働者が自ら退職（辞職）した場合には、同手当の支払いは必要ありません。

中村仁恒　弁護士（ロア・ユナイテッド法律事務所）

退職時証明書に記載する退職事由について、会社と労働者本人で意見が異なる場合はどうすればよいか

A 退職事由について、会社と労働者本人で意見が異なる場合であっても、会社自らの見解として事実に基づいて退職事由を証明書に記載し、労働者の請求に対して遅滞なく交付すれば問題ない

① 退職証明書とは

　労基法では、退職（解雇も含みます）を巡る紛争を未然に防止し、あるいは労働者の再就職活動に資するため、退職時に労働者が請求した場合は、遅滞なく、退職に関する証明書（以下、退職証明書）を交付することを使用者に義務づけています（22条1項）。

　退職証明書に記載すべき事項は、次の五つの事項のうち労働者が請求した事項に限られ、労働者が請求しない事項については記入してはなりません（同条3項）。

- 使用期間
- 業務の種類
- その事業における地位
- 賃金
- 退職の事由（退職の事由が解雇の場合は、その理由を含む）

　また、あらかじめ第三者と謀り、労働者の就業を妨げることを目的として、退職証明書に労働者の国籍、信条、社会的身分もしくは労働組合運動に関する通信をすることや秘密の記号を記入することは禁止されています（同条4項）。

　なお、使用者は、前述の法定事項以外の事項を記入した退職証明書を交付する義務はありませんが、労働者の請求に応じて当該事項を記入し

ても差し支えありません。

　労働者の離職時に、使用者が交付する書類の一つに基本手当（いわゆる失業保険）を受給する際に必要となる「離職票」があり、それには離職理由などが記載されていますが、当該書類はハローワーク（公共職業安定所）に提出するものであるため退職証明書に代えることはできないと解されていますので、労働者から請求があった場合は、離職票とは別に退職証明書の交付が必要になります（平11.3.31　基発169）。

② 退職の事由

　退職証明書に記載すべき事項の一つである「退職の事由」については、自己都合退職、勧奨退職、解雇、定年退職等の労働者が身分を失った事由を示す必要があり、解雇の場合はその理由も含まれます。また、解雇の理由については、具体的に示す必要があり、就業規則の一定の条項に該当することを理由として解雇した場合には、就業規則の当該条項の内容および当該条項に該当するに至った事実関係を証明書に記入しなければなりません（平11.1.29　基発45、平15.12.26　基発1226002）。

　なお、労働者が解雇の事実についてのみ証明することを使用者に請求した場合は、解雇の理由を記載することなく、解雇の事実のみを記載した退職証明書を交付する必要があります。

③ 意見が異なる場合

　退職証明書は、使用者が証明するものであるため、労働者が請求した事項について、事実に基づいて必要事項を記入した退職証明書を遅滞なく交付している限り、労基法22条の義務は履行したものと認められると解されています（前記平11.3.31　基発169）。

　したがって、退職事由について、会社と労働者本人で意見が異なる場

合であっても、虚偽でなく、会社自らの見解として事実に基づいて退職
事由を証明書に記載し、労働者の請求に対して遅滞なく交付すれば問題
ありません。

岩楯めぐみ　特定社会保険労務士

（社会保険労務士事務所岩楯人事労務コンサルティング）

 **退職者の転職先から勤務状況等の照会が
あったが、どこまで答えてよいか**

 照会に回答する義務はなく、また、個人情報保護法の観
点から回答は差し控えるべき

 個人情報の保護

「個人情報の保護に関する法律」（以下、個人情報保護法）は、個人情
報の有用性に配慮しつつ、個人の権利利益を保護することを目的に、個
人情報の取り扱いについて、基本理念のほか個人情報取扱事業者が守る
べきルール等について定めています。

同法で定められた個人情報取扱事業者が守るべき主な基本ルールは、
次のとおりです。

①個人情報の取得・利用時のルール

・利用目的を特定してその範囲内で利用する

・利用目的を通知または公表する

・利用目的の範囲外で利用する場合は本人の同意を得る

②個人情報の保管時のルール

・情報の漏洩等が生じないように安全に管理する

・従業員・委託先の必要かつ適切な監督を行う

③個人情報の第三者提供時のルール

・あらかじめ本人の同意を得る

・第三者へ提供した場合や第三者から提供を受けるときは一定事項を記録し保存する

④個人情報の開示請求時等のルール

・本人から開示等の請求があった場合はこれに対応する

・苦情等に適切・迅速に対応する

2 雇用管理における個人情報

　雇用管理においては、従業員の氏名、生年月日、住所、電話番号、扶養情報などのさまざまな個人情報を取り扱いますが、それらについても、当然のことながら個人情報保護法に基づく対応が求められます。

　したがって、従業員に関する個人情報についても、利用目的を特定してその利用目的を本人に通知等するとともに、その特定した利用目的の範囲内でのみ利用し、また、他の目的で利用する場合には本人の同意を得る必要があります。

3 転職先への情報提供

　転職先へ退職者に関する個人情報を提供することは、通常、通知等している個人情報の利用目的の範囲外の利用に当たり、また、第三者提供に当たるため、退職者本人の同意が必要になります。

　したがって、退職者に関する勤務成績、在籍状況、退職事由などについて転職先から照会があった場合は、回答する義務はありませんし、個

人情報保護法の観点から回答は差し控えるべきでしょう。なお、退職事由などについては労基法22条に基づく退職証明書などにより確認することができますので、退職者本人からの請求に応じて必要な法的書類を発行する準備がある旨を伝える対応が考えられます。

　個人情報保護委員会Q&Aにおいても、退職者に関する問い合わせへの対応に関して次のとおり回答しています。

「個人情報の保護に関する法律についてのガイドライン」及び「個人データの漏えい等の事案が発生した場合等の対応について」に関するＱ＆Ａ（令和2年9月1日更新）（個人情報保護委員会）

Q5-12　第三者から、当社を退職した従業者に関する在籍確認や勤務状況等について問合せを受けていますが、当該問合せに答えることはできますか。

Ａ5-12　退職した従業者に関する在籍状況や勤務状況等が個人データ（個人情報データベース等を構成する個人情報）になっている場合、問合せに答えることは個人データの第三者提供に該当し、本人の同意がある場合や第三者提供制限の例外事由に該当する場合を除いて、第三者に提供することはできません。

岩楯めぐみ　特定社会保険労務士

（社会保険労務士事務所岩楯人事労務コンサルティング）

退職日までに残りの年次有給休暇全部の取得請求がなされたが、認めなければならないか

A 時季変更権を行使しない限り、退職日までの年次有給休暇の取得請求がなされた日の就労義務は免除されるため、認めざるを得ない。なお、時季変更権は「事業の正常な運営を妨げる場合」でなければ行使できない

1　年次有給休暇とは

　労基法では、労働者の心身の疲労を回復させ、労働力の維持培養を図ることを目的に、一定の要件を満たした労働者を対象に、賃金を支払いながら就労義務を免除する「年次有給休暇」（以下、年休）の付与を義務づけています（39条）。

　年休の権利は、労基法で定める継続勤務と出勤率の要件が満たされることにより、「法律上当然に労働者に生ずる権利であつて、労働者の請求をまつて始めて生ずるものではなく、また、同条3項（執筆者注：現行法39条5項）にいう『請求』とは、休暇の時季にのみかかる文言であつて、その趣旨は、休暇の時季の『指定』にほかならない」とし、「その具体的な権利行使にあたつても、年次休暇の成立要件として『使用者の承認』という観念を容れる余地」はない（全林野白石営林署事件　最高裁二小　昭48.3.2判決）とされています。

　したがって、労働者が取得時季を指定して年休を請求した場合は、次項②で述べる時季変更権を行使しない限り、使用者の承認の有無にかかわらず、当該指定された日の就労義務は免除されます。

② 時季変更権の行使

　使用者には、請求された時季に年休を与えることが「事業の正常な運営を妨げる場合」には、取得時季を変更する権利が与えられています（労基法39条5項ただし書き）。これを「時季変更権」といいます。

　「事業の正常な運営を妨げる場合」に当たるか否かは、「当該労働者の所属する事業場を基準として、事業の規模、内容、当該労働者の担当する作業の内容、性質、作業の繁閑、代行者の配置の難易、労働慣行等諸般の事情を考慮して客観的に判断すべきである」（電電公社此花局事件　大阪高裁　昭53.1.31判決、最高裁一小　昭57.3.18判決）とされています。したがって、勤務予定を変更したり、代替者を確保したりするなど、できる限り労働者が希望する時季に年休を取得することができるよう配慮する必要があり、時季変更権の行使に当たってはその権利を濫用することがないよう留意しなければなりません。

　また、時季変更権を行使する場合には、「事業の正常な運営を妨げる」事由消滅後、可能な限り速やかに休暇を与えなければならないと解されています（昭23.7.27　基収2622）。

③ 退職時に年休の取得を請求された場合

　まず、退職予定者から、退職予定日までの期間に残りの年休全部の取得を請求された場合は、時季変更権を行使しない限り、当該請求により指定された日の就労義務は免除されますから、認めざるを得ません。

　次に、「事業の正常な運営を妨げる場合」に該当し、時季変更権を行使した場合は、当該指定された日に年休の取得を認めない対応は可能です。ただし、時季変更権は「取得時季の変更」であって「取得権利の消滅」ではないため、例えば、退職予定日までの期間に残された所定勤務日が少なく、他に取得時季を変更する余地がない場合には、時季変更権

を行使することはできません。

④ 実務的な対応

　退職時に残りの年休全部を請求され、それにより引き継ぎができず業務に支障を来すことが想定される場合には、退職予定者と話し合いの上、退職予定日を変更する、あるいは退職予定日は変更せず出勤して引き継ぎをしてもらい、退職時に未消化の年休日数がある場合には当該賃金相当額を退職金に加算して支払う（残余年休の買い上げ）等の対応が考えられます。

　なお、年10日以上の年休が付与されている者については、働き方改革関連法により平成31（2019）年4月1日からは年5日取得させることが義務化されており、未消化の日数を蓄積することがないよう、計画的な年休の取得促進を図ることが望まれます。

岩楯めぐみ　特定社会保険労務士

（社会保険労務士事務所岩楯人事労務コンサルティング）

Q018 次の場合、退職金は誰に支払うのが適当か。
①行方不明の場合、②譲渡された場合、③
差し押さえられた場合、④死亡した場合

 A ①本人、②債権の譲受人、③差し押さえられた部分については差押債権者、その余の部分は本人、④相続人または退職金規程上最優先の者

1 行方不明の場合

　退職金は、労基法11条にいう「労働の対償」としての賃金に該当する場合には、同法24条1項本文に定めるいわゆる「直接払いの原則」が適用されます（住友化学事件　最高裁三小　昭43.5.28判決）。

　そこで、退職金規程に基づいて支給される退職金などは、労働の対償としての賃金に該当し、直接払いの原則が適用されます。

　そのため、直接労働者に支払う必要があり、家族等が受け取りを希望しても労基法上、家族等に対して支払うことはできません。

　本人に対して支払う方法としては、給与振込口座に送金するか、場合によっては行方不明を理由として法務局に供託する方法が考えられます。

2 譲渡された場合

　退職金債権の譲渡は有効と解されています（上記最高裁三小判決）。

　そこで、債権譲渡がされた場合には、譲受人に対して退職金を支払う必要があります。

　なお、債権が二重に譲渡された場合の優先関係についても最高裁判例があります（最高裁一小　昭49.3.7判決）。同事件で最高裁は、譲渡人相互間の優劣は、通知または承諾に付された確定日付の先後によって決

するのではなく、確定日付のある通知（典型的には内容証明郵便）が債務者（退職金の譲渡については会社が債務者に当たります）に到達した日時または確定日付のある債務者の承諾の日時の先後によって決すべきであり、また、確定日付は通知または承諾そのものにつき必要であるとしています。この点には注意が必要です。

③ 差し押さえられた場合

退職金については、退職金の4分の1までは差し押さえられることになっています（民事執行法152条）。

差押命令は債務者（ここでは退職金債権を持つ従業員）・第三債務者（ここでは会社）に特別送達という方法で郵送されます。

債務者（従業員）に送達されたときから4週間を経過すると、債権者自身が第三債務者（会社）から直接取り立てることができます（取立権の発生）。なお、差押債権者の債権に夫婦間の協力扶助義務、婚姻費用分担義務、養育費支払義務、扶養義務に係る金銭債権が含まれている場合には、取立権は債務者（従業員）に送達されたときから1週間の経過で発生します。

以上より、差し押さえられていない部分については通常どおり本人に支払い、差し押さえられた部分については債権者に支払うことになります。

④ 死亡した場合

■ 退職金請求権確定後に死亡した場合（＝労働者が退職後に死亡した場合）

退職金請求権が確定した後に本人が死亡した場合には、相続人がその退職金請求権を相続することになりますので、相続人に対して支払いを

する必要があります。

2 本人の死亡により退職金請求権が確定する場合

　これに対して、本人が死亡することによって退職金が発生する場合につき、事例判決ではありますが、下記のとおり、死亡退職金は相続財産ではなく遺族固有の権利であると判示した最高裁判例があります（日本貿易振興会事件　最高裁一小　昭55.11.27判決）。

　「（編注：当該法人の退職手当に関する規程において）受給権者の範囲及び順位につき民法の規定する相続人の順位決定の原則とは著しく異なつた定め方がされているというのであり、これによつてみれば、右規程は、専ら職員の収入に依拠していた遺族の生活保障を目的とし、民法とは別の立場で受給権者を定めたもので、受給権者たる遺族は、相続人としてではなく、右規程の定めにより直接これを自己固有の権利として取得するものと解するのが相当であり、そうすると、右死亡退職金の受給権は相続財産に属さず、受給権者である遺族が存在しない場合に相続財産として他の相続人による相続の対象となるものではないというべきである」

　企業の死亡退職金の受給資格者の定めは、労災保険法11条1項本文の規定に倣って、本人の「①配偶者（婚姻の届出をしていないが、事実上婚姻関係と同様の事情にあった者を含む）、②子、③父母、④孫、⑤祖父母、⑥兄弟姉妹であって、その者の死亡の当時その者と生計を同じくしていたもの」などの優先順位としている例が多いです。このような場合、退職金規程の内容などにもよりますが、上記最高裁判例の考え方を参考にすれば、相続財産ではなく遺族固有の財産と認定される可能性が相当程度あります。

　そのため、相続人に対してではなく、退職金規程上最優先の者に対して支払う必要がある場合が考えられます。

中村仁恒　弁護士（ロア・ユナイテッド法律事務所）

退職後に不正が判明した場合、あらためて懲戒解雇できるか。また、退職金を不支給としたり、返還させたりできるか。損害賠償請求は可能か

A あらためて懲戒解雇することはできない。退職金不支給や返還に関する規定があれば不支給や返還請求が可能な場合はある。当該社員の不正行為による損害発生があれば不法行為や債務不履行による損害賠償請求はなし得る

1 懲戒解雇

　退職者に対して後から懲戒解雇できるかについては、原則としては既に退職して雇用関係にない者に対してそれを前提とした懲戒解雇処分はあり得ない、ということになります（ヤチヨコアシステム事件　大阪地裁　平16.8.6判決）。仮に行っても、それは単に退職者に対し、懲戒解雇という不名誉なレッテルを後から貼るだけで法的な意味合いは、あまりありません。しかし、理論的には、合意解約による退職が、詐欺による取り消し（民法96条）や錯誤による無効（同法95条）などとされるような場合には、雇用契約は有効に存在していることとなるので、懲戒解雇は可能です。

2 懲戒処分の社内外への公表

　退職後の懲戒解雇は多くの場合、会社の退職者への報復的意味合いが強く、会社が退職者を懲戒解雇したという事実を社内外に文書等で公表することが多いようです。そして、紛争はむしろこのことから発生する場合があります。この点について、会社が、従業員を懲戒解雇した旨、あるいは、背任行為により懲戒解雇し、目下業務上横領で告訴中である

旨を記載した文書を取引先、銀行等に発送しただけであれば、それは従業員の会社を誹謗する言動等に対応するものであり、文書の記載内容も真実に反せず、その言辞も特に不穏当とまで認められず、郵送先も会社関係者だけであること等からすれば、このような会社の行動は、違法とまでは認められないとされた例（日本非破壊検査事件　東京地裁　昭55.4.28判決）がある一方、新聞発表したり（日星興業事件　大阪高裁　昭50.3.27判決）、表現等について過激になったりすると（泉屋東京店事件　東京地裁　昭52.12.19判決）慰謝料や名誉毀損の問題を起こすことがあります。

　なお、官公庁や関連団体等では、退職後に、懲戒解雇相当などと公表されることがありますが、これは退職金不支給に関連して公表され、違法性がないものと考えられ、実行されています。

③ 退職金の返還・支給停止等

　退職金については、返還を請求することができる場合があります。

　第一は、退職金の返還規定がある場合です。例えば、「退職後に懲戒解雇理由があることが判明した場合には支払い済みの退職金の全部または一部の返還を求めることがある」などの返還規定があれば、同規定に基づき返還を求めることが可能です。

　第二は、懲戒解雇の場合について就業規則などに退職金の全部または一部を不支給とする規定があり、退職後に懲戒解雇事由が発覚した場合です。例えば、本来退職一時金の不支給規定の適用があって退職金の支払いを受ける地位になかったにもかかわらず、退職者が真の退職理由を秘して退職金の支給を受けた場合で、会社に退職金相当額の損失を与えこれを不当に取得したものとして、民法703条の不当利得返還請求権により返還を命じた裁判例があります（福井新聞社事件　福井地裁　昭62.6.19判決）。

　第三は、退職が雇用契約の合意解約とされる場合に、退職金の取得が、退職者の不作為による詐欺として、民法709条の不法行為や誠実義務違反の債務不履行に基づく損害賠償請求により同額の賠償を求める場合などです。なお、退職後でも退職金支給前であれば、支給を停止し、あるいは減額できる場合があります（大器事件　大阪地裁　平11.1.29判決）。他方で、在職中に懲戒解雇事由に該当する行為をした退職者による会社への退職金請求が、権利濫用とされたケースもあります（ピアス事件　大阪地裁　平21.3.30判決）。

④ 損害賠償請求

　退職者の不正行為による損害発生があれば、不法行為や債務不履行により、損害賠償請求することができるのは当然です。ただし、請求額の範囲などについては、会社側の不正行為防止体制の不備などによる過失相殺等に基づく減額はあり得ます。

岩出　誠　弁護士（ロア・ユナイテッド法律事務所）

留学後、短期間で退職する者に留学費用の返還を求めることはできるか

A 自主的で自由な意思による研修への参加であり、返還の範囲も渡航費用や保険料、学費、授業料、教材費、語学研修費、家賃等の返還に関する合理的で明確な規定があれば、留学終了後一定期間以内に特別な理由なく退職するような場合に返還を求めることができる

1 大手を中心に重視されている人材開発投資

　新卒採用の人材に対して、OJTを中心とした企業内外のさまざまな研修を経て育成していく長期雇用制度は、少なくとも大手企業のとりわけ幹部候補の総合職クラスの人事制度としては大きな位置を占めています（職業能力開発促進法4条によれば、人材開発は、努力義務とはいえ、企業の責務とされています）。また、先端的技術分野や金融商品の開発等の分野においては、従業員に対して、常に最新の技術を習得させ自社の国際的競争力を維持・向上させるべく、さまざまな研修を受けさせることも少なくありません（以下につき、岩出　誠著『労働法実務大系　第2版』［民事法研究会］385～388ページ参照）。

2 よくトラブルとなるケース

　このような状況下で、企業は以前から従業員に対し、通常のOJTや一般的な技術研修ではなく、労務の提供を免除して、高額の学費等をかけて、専門学校や国内外の研究施設、教育機関等に派遣して教育を受けさせたり、海外のMBAや弁護士、公認会計士等の資格を取得させたりすることが行われてきました。ところが、多額の人材開発投資費用を注

ぎ込んで育成し研修を修了した従業員が、研修の修了や資格取得の直後に、あるいは復職後わずかの期間勤務しただけで退職するケースがあり、よくトラブルとなっています。例えば、企業が、特定の従業員に対して特別に目をかけて、優遇措置として研修等を受けさせた場合に同費用の返還請求をしたり、同費用に見合う貢献を認めるまでの期間における退職を禁じたりして、これを従業員が争うといったものです。企業側の視点では「従業員のために支出した研修費用などを返還させる方法はないか」「特別の便宜を与えて研修させた従業員の安易な退職を禁止する方法はないか」、従業員側の立場からは「いかなる場合に費用の返還請求を拒否できるか」といった点が問題となります。

③ 労基法16条による損害賠償の予定や違約金の定めの禁止

　例えば、海外研修等の修了後3年間の勤務を継続しない限り、約束違反の退職であるとして違約金を求めることは、労働契約上の損害賠償の予定や違約金の定めを禁止した労基法16条に違反します。また、労働契約の期間を5年と定めることは、例外的な専門業務等の要件を満たさない限り、有期労働契約の期間を原則として3年間とする同法14条・附則137条にも違反します。

④ 合理的な範囲の実費の返還請求

　いまだ最高裁判例が出ておらず、判例全体も必ずしも統一された判断を示しているとはいえませんが、多数の判例・学説は、おおむね一定の条件・範囲・方法の下での研修費用の返還を認めています。すなわち、研修修了後の一定期間内の退職の際に、一般の従業員が受けていない特別な便宜としての給与以外の渡航費用や保険料、学費、授業料、教材費、語学研修費、家賃等、客観的・合理的に算定された範囲での実費の返還

を、合理的な方法で求めたり、一定期間後はその返還を免除したりする制度は、そのことが就業規則等に明記されているならば労基法違反等の問題を生じないと解されています。例えば、長谷工コーポレーション事件（東京地裁　平9.5.26判決）は、海外留学の学費・渡航費の返還につき、返還合意は労働契約とは別個の免除特約付きの金銭消費貸借契約として有効としています。また、野村證券事件（東京地裁　平14.4.16判決）は、早期に自己の都合で退社した場合、費用を返還させることを会社側に認めないと、企業は海外留学に消極的にならざるを得ないと判示し、かかる特約の有効性を認め、明治生命保険（留学費用返還請求第2）事件（東京地裁　平15.12.24判決）も同旨を判示しています。

　最近のみずほ証券事件（東京地裁　令3.2.10判決）でも、労基法16条に定める賠償予定の禁止に関しては、同法の趣旨は労働者の自由意思を不当に拘束し、労働関係の継続を強要させないことにあり、留学に応募するかどうかは労働者の自由意思に委ねられており、留学に業務性はなく、債務免除までの期間5年が不当に長いとまではいえないことも踏まえると、違反するとはいえないとし、会社の請求をすべて認め、労働者に3045万219円の支払いを命じています（なお、医療法人杏祐会元看護師ほか事件〔広島高裁　平29.9.6判決〕では、債務免除までの期間が6年では長過ぎて無効としています）。

⑤ 一般的な研修費用の返還請求

　しかし、研修・指導の実態が、一般の新入社員教育とさしたる差がなく、使用者として当然なすべき性質のものである場合や業務性を有する場合には、労働契約と離れて研修に関する契約をなす合理性は認め難く、それに支出された研修費用の返還を求めることには、合理性がないとされます（サロン・ド・リリー事件　浦和地裁　昭61.5.30判決）。同判例では、美容室を経営する会社に就職した従業員が、会社との間で締結し

た会社の美容指導を受けたにもかかわらず会社の意向に反して退職したときは、入社時にさかのぼって1カ月につき4万円の講習手数料を支払うという契約につき、「指導の実態は、いわゆる一般の新入社員教育とさしたる逕庭はなく、（中略）使用者として当然なすべき性質のものであるから、労働契約と離れて本件のような契約をなす合理性は認め難く、しかも、本件契約が講習手数料の支払義務を従業員に課することにより、その自由意思を拘束して退職の自由を奪う性格を有する」として、労基法16条に違反し無効と判示しました。また、第二国道病院事件（横浜地裁川崎支部　平4.7.31判決）では、看護師見習の准看護師学校通学関連費用に関する返還義務の関係・範囲につき、病院が立替金に当たるとした返還請求の大方が賃金の一部とされ、返還請求のごく一部のみを認めました。さらに、和幸会事件（大阪地裁　平14.11.1判決）では、看護学校への入学金、授業料、施設設備費などを貸し付ける「看護婦等修学資金貸与契約」等が、労働者の就労を強制する経済的足止め策の一種とされ、労基法14条・16条に違反するとして、看護学校退学者らに対する貸金返還請求が棄却されています。

⑥ 海外分社への出向と研修に係る費用の返還請求

　一方、使用者が自己の企業における技能者養成の一環として業務命令で海外分社に出向させ、業務研修させた富士重工業（研修費用返還請求）事件（東京地裁　平10.3.17判決）や海外ビジネススクールでの研修を命じた新日本証券事件（東京地裁　平10.9.25判決）などでは、諸費用の返還合意が一定期間の業務拘束を目的とした違約金の実質を持つものとして違法とされています。

岩出　誠　弁護士（ロア・ユナイテッド法律事務所）

定年退職の直前に業務上災害となったケースで、労基法19条の解雇制限との関係から休業期間中に定年退職日を迎える場合はどう扱えばよいか

A 定年退職は解雇には当たらないため、定年により労働契約が終了するものとして扱うべきである。ただし、65歳までの継続雇用制度を導入している場合、再雇用を拒否することは高齢法の趣旨に反するおそれがある

1 定年制の意義

　定年制とは、労働者が一定の年齢に達したときに労働契約が終了する制度と考えられています（菅野和夫『労働法 第12版』［弘文堂］755ページ）。

　定年退職は、定年に達したときに当然に労働契約が終了するものであり、これは、労働契約の終了事由の設定であると解されています（前掲『労働法 第12版』755ページ）。

2 労基法19条と定年退職との関係

　労基法19条1項では、「使用者は、労働者が業務上負傷し、又は疾病にかかり療養のために休業する期間及びその後30日間（中略）は、解雇してはならない」と規定されています。

　それでは、本問のように、業務上災害による休業期間中に定年退職日を迎えた場合には、同条1項の制限に服するのでしょうか。

　この点について、行政解釈においては、「就業規則に定める定年制が労働者の定年に達した翌日をもってその雇用契約は自動的に終了する旨を定めたことが明らかであり、且つ従来この規定に基づいて定年に達し

た場合に当然雇用関係が消滅する慣行となっていて、それを従業員に徹底させる措置をとっている場合は、解雇の問題を生ぜず、したがってまた法（執筆者注：労基法）第19条の問題も生じない」（昭26.8.9　基収3388）とされています。

　前記のように定年退職が、定年に達したときに当然に労働契約が終了するという性質のものであることからすれば、妥当な解釈といえるでしょう。

　また、裁判例では、業務上負傷し、療養のための休業期間中に定年退職扱いとなった事案において、「定年制度が設けられている以上、労働者が停年年令に達すると必然的に雇傭契約が終了するものと考えられ、使用者が労働者との契約を一方的に解約する解雇とはその性質を異にする」として、定年制による労働契約の終了が労基法19条1項によって制限されることはない旨判断した例（朝日製鋼所事件　大阪地裁岸和田支部　昭36.9.11判決）があり、上記行政解釈と同様の解釈がなされています。

　したがって、定年退職は解雇には当たらないため、定年により労働契約が終了するものとして扱うべきでしょう。

③ 高齢法との関係

　高齢法では、事業主がその雇用する労働者の定年の定めをする場合には、当該定年は60歳を下回ることができないと定められている（8条）ところ、65歳未満の定年の定めをしている事業主は、65歳までの雇用確保措置として、①当該定年の引き上げ、②現に雇用している高年齢者が希望するときは、当該高年齢者をその定年後も引き続き雇用する制度（継続雇用制度）の導入、③当該定年の定めの廃止──のいずれかを講じなければならないものとされています（9条1項）。

　このうち、①定年の引き上げ措置や③定年の定めの廃止措置を講じた

場合には、労基法19条1項と定年との関係においては、特段新たな問題は生じないものと思われます。

　他方、業務上災害による休業期間中に定年退職日を迎えた事案ではないものの、継続雇用基準を満たしているにもかかわらず、再雇用拒否された労働者につき、客観的に合理的な理由を欠き、社会通念上相当であると認められないものといわざるを得ず、したがって、この場合は、高齢法の趣旨等に鑑み、定年後も高年齢再雇用制度に基づき再雇用されたのと同様の雇用関係が存続しているものとみるのが相当であると判断した例（日本郵便事件　東京地裁　平27.4.23判決）があります。そのため、②継続雇用制度の導入措置を講じた場合において、労働者が業務上災害による休業期間中に定年退職日を迎え、継続雇用基準を満たしているにもかかわらず会社が再雇用を拒否したような場合には、上記高齢法の趣旨に加え、労基法19条1項の趣旨も踏まえて、再雇用拒否がこれらの法の趣旨に反するものと判断されることはあり得るでしょう。

中野博和　弁護士（ロア・ユナイテッド法律事務所）

退職時に行う社内手続き、公的手続きにはどういうものがあるか

社内手続きには退職届の提出などが、公的手続きには社会保険の資格喪失に関するものなどがある

1　退職時の社内手続き

　退職時に行う社内手続きには、退職日などを確認するものや、会社か

図表1-1 ●退職時の主な社内手続き

主な社内手続き	内　容
退職届の提出(従業員)	・従業員から退職（退職日・退職理由など）に関する事項を記載した書面等を提出させる ・社内統一様式で提出させる場合もあれば、任意様式で提出させる場合もある
貸与物などの返却（従業員）	健康保険の被保険者証、社員証、カードキー、名刺、身分証明書、携帯電話・スマートフォン、パソコン等、会社から貸与している物品などを返却させる
源泉徴収票の交付（会社）	当該年の源泉徴収票を交付する
雇用保険被保険者資格喪失確認通知書、離職票の交付（会社）	・ハローワークの手続き書類を交付する ・転職先が決まっているなどにより本人が希望しない場合を除き、離職票を交付する
健康保険・厚生年金保険資格喪失確認通知書の交付（会社）	退職者本人が請求した場合は、日本年金機構で手続きした通知書を交付する
退職証明書の交付（会社）	退職者本人が請求した場合は、請求した事項についてのみ証明した退職証明書を交付する
その他（会社）	・退職金制度がある場合は、退職金の支払いなどの手続きを行う ・退職日が1月1日〜4月30日の間で住民税の未徴収税額がある場合には、最終給与等から当該額を一括徴収する ・財産形成や中小企業退職金共済などの外部の制度の適用を受けている場合は、それに伴う手続きを行う

ら貸与している物品等を返却させるものなどがありますが、主な手続きは、[図表1-1] のとおりです。

② 退職時の公的手続き

　一方、公的なものとしては、[図表1-2] の労働保険・社会保険の被保険者資格を喪失する手続きと住民税の徴収方法を切り替える手続きがあります。なお、これらの手続きは電子申請による方法でも対応可能です。

図表1-2●退職時の公的手続き

■雇用保険関係

提出書類名	雇用保険被保険者資格喪失届
提 出 先	ハローワーク
提 出 期 限	退職日の翌日から10日以内
そ の 他	出勤簿、労働者名簿、賃金台帳、離職証明書（離職票が不要のときは提出不要）、離職理由が確認できる書類等を添付する

■健康保険・厚生年金保険関係

提出書類名	健康保険・厚生年金保険被保険者資格喪失届
提 出 先	日本年金機構
提 出 期 限	退職日の翌日から5日以内
そ の 他	・健康保険被保険者証（本人分および被扶養者分）等を添付する ・国民健康保険に加入するため、健康保険被保険者資格の喪失日等を証する書類が必要な場合は、「健康保険・厚生年金保険資格取得・資格喪失確認通知書」の交付を求める請求書も併せて提出する

■地方税関係

提出書類名	給与支払報告・特別徴収に係る給与所得者異動届出書
提 出 先	市区町村
提 出 期 限	退職月の翌月10日まで
そ の 他	1月1日〜4月30日の間の退職者について未徴収税額がある場合には、原則として当該額を最終給与等から一括徴収して納付する

岩楯めぐみ　特定社会保険労務士

（社会保険労務士事務所岩楯人事労務コンサルティング）

第2章
早期退職・希望退職

早期退職優遇制度とは何か

A 一定の優遇措置を実施して、従業員の定年前の退職を奨励する制度である

1 早期退職優遇制度とは

　早期退職優遇制度とは、一般的に、所定の定年年齢より早期に退職する者について、退職金を割り増しで支給する等の優遇措置を実施することで、定年年齢に達する前の退職を奨励する制度をいいます。優遇措置の内容としては、退職金の割り増し（割増金や特別加算金ともいいます）が一般的ですが、それ以外にも、再就職支援サービスの提供、転職先のあっせん・情報提供や年次有給休暇の買い取り、特別休暇（休職）期間の付与等があり、実施する企業によってさまざまです。

　早期退職優遇制度は、一般的には、合意退職に向けて企業が従業員に対して「申込みの誘引」（相手方に解約の申込みをさせようとする意思の通知のこと）を行うもので、従業員の応募は「申込み」であり、これに対する企業の「承諾」があって初めて合意退職が成立すると理解されています（Q26参照）。

2 選択定年制度／セカンドライフ支援制度等

　早期退職優遇制度は、法律によって定められている制度ではなく、その内容や名称等は、企業の裁量に委ねられています。そのため「選択定年制度」「セカンドライフ支援制度」「ネクストキャリア支援制度」「ネ

クストライフサポート制度」等といった名称の制度を設けている企業も
あります。

 3 早期退職優遇制度と希望退職制度

　早期退職優遇制度は、一般に、従業員のキャリアアップを支援するた
めに恒常的に設けられる場合や、企業経営がそこまで悪化していない段
階での余剰人員の削減を目的として設けられる場合があります。これら
の場合、企業にはある程度の余裕があるため、企業にとって必要性の高
い従業員について、企業側が早期退職優遇制度の承諾を拒否する場合も
多く、その承諾を求める従業員との間で紛争が生じる例も少なくありま
せん。

　他方、整理解雇の回避や、整理解雇の有効性の確保を目的として、退
職を奨励する制度を設けることもあります。このような制度を通常、「希
望退職制度」と呼びます。整理解雇の有効性の判断に当たっては、解雇
回避努力義務を含めたさまざまな要素が考慮されますが、希望退職の実
施は、そのような解雇回避努力義務の履行を肯定する方向に働かせる事
情の一つです（整理解雇の有効性についてはQ34参照。希望退職制度
はQ25で取り上げます）。

　　　　　　　　　塚田智宏　弁護士（森・濱田松本法律事務所）

　　　　　　　　　宇賀神 崇　弁護士（森・濱田松本法律事務所）

早期退職優遇制度とともに転進準備休職制度を導入するに際して、規程にどのような内容を盛り込むか

A 転進準備休職制度の趣旨を踏まえ、目的、適用対象者、適用除外、休職期間および休職期間中の処遇、休職の必要性が消滅した際の取り扱い等について明確に定めておくことが考えられる

1 転進準備休職制度とは

　転進準備休職制度とは、明確な定義はないものの、一般的には、独立自営または再就職等に向けて定年前から転進の準備をする社員に対して、その援助として、一定期間休職を認める制度のことをいいます。

　同制度は、広義の早期退職優遇制度の一環として導入されることが多いですが、労基法その他の法律に定められた制度ではなく、使用者の判断で独自に設ける制度であるため、その内容は、法令や労働協約、公序良俗に反するものでない限り、原則として使用者が広範な裁量をもって定めることができると考えられます（希望退職制度について同様の判断を示した裁判例として、西日本電信電話事件　大阪地裁　平15.9.12判決）。

2 規程に盛り込むことが考えられる内容

1 目的規定

　上記①のとおり、転進準備休職制度は、あくまで独立自営または再就職を考えている社員に対する援助を行うものであり、社員が私傷病や出向等により労務に従事することが不能または不適当となった場合に一定期間労働を免除する通常の休職制度とは性格を異にするものです。

そのため、社員に十分に制度の趣旨を説明しておくという意味でも、また、人員整理のための強制的な制度であるとの誤解を与えないようにするという意味でも、制度の目的について規定しておくことが望ましいと考えられます。

2 適用対象者

転進準備休職制度を広義の早期退職優遇制度の一環として導入する場合、独立自営や再就職を検討している者であれば、誰であっても同制度の適用を受けることができるとの誤解を生じさせないように留意する必要があります。

そのため、同制度の適用対象者を、その範囲が明確となる形で規定することが望ましいと考えられます。具体的には、「年齢満○歳から満○歳の者」「勤続○年以上の者」として客観的に適用対象が明らかとなる形で規定する例が多くみられます。

3 適用除外

上記**2**のとおり、原則としては一定の範囲に含まれる独立自営または再就職等に向けて転進の準備をする社員全員を適用対象としつつも、適用対象者となる条件に該当すれば誰でも当人の希望により転進準備休職制度の適用を受けることができるとすると、会社に不利益が生じる場合があることから、一定の適用除外を定めておくことが考えられます。

このような適用除外の代表例としては、当該社員が会社と競合する事業の独立自営や競合他社への再就職を目的としている場合が挙げられます。また、包括的規定として、「その他この規程を適用することが適当でないと認められるとき」といった規定を設けることも考えられます。

4 休職期間および休職期間中の処遇等

転進準備休職制度の適用を受ける場合の社員の休職期間について明らかにするのはもちろんのこと、当該休職期間の中断・延長の可否、休職期間中の処遇（給与・賞与・諸手当等の取り扱い）、会社による休職期間の変更命令の有無等についてあらかじめ明確に規定しておく必要があ

ると考えられます。

　これらの事項のうち、休職期間については、社員の独立自営または再就職のために十分な準備期間を与えるという趣旨から、個別事情によるものの、6カ月から1年ほどの期間を設けることが適切となる場合が多いと考えます。また、休職期間中の処遇については、給与・賞与・諸手当のすべてを一律に支給あるいは不支給と定めるのではなく、例えば、給与は支給とするが、賞与および諸手当は不支給とする等、会社ごとの具体的な事情に応じて柔軟に規定内容を検討することが望ましいと思われます。

5 休職の必要性が消滅した際の取り扱い

　また、休職期間中であっても、その目的が達成された場合には、休職の必要性が消滅するため、その際の取り扱いを定めておくことも考えられます。具体的には、「独立自営の準備が整ったとき」「再就職先が決定したとき」等の事項を列挙した上で、それらのいずれかに該当した場合は休職期間を終了し、退職とする旨定める例がみられます。

渡邉悠介　弁護士（森・濱田松本法律事務所）

 希望退職制度とは何か

 従業員に対し、一定の優遇条件を示して退職を希望する者を募集することであり、特に、整理解雇における解雇回避努力義務の一要素としての機能を持つ

　早期退職優遇制度（Q23参照）が平時に設けられることが多いのに対し、希望退職制度とは、整理解雇等の企業の経営不振による人員整理

を行う際に、従業員の全部または一部を対象とし、一定の優遇措置を示して退職希望者を募集することを指すことが多いです。

　すなわち、整理解雇を適法に実施するための要素である解雇回避努力の一環として、整理解雇をする前に、通常、希望退職の募集を行うことが必要と考えられており、実際に人員整理のケースでは、整理解雇に踏み切る前に希望退職を募集することも多くなっています（なお、その結果として、整理解雇が不要になることもあります）。

　希望退職制度に伴う優遇措置の内容は企業ごとにさまざまですが、早期退職優遇制度の場合と同様、通常の退職金に加えて勤続年数に応じた割増金を支払うことや、再就職支援制度を企業側の費用負担で利用すること、転職先のあっせん・情報提供、年次有給休暇の買い取り、特別休暇（休職）期間の付与等がポピュラーな内容です（Q23参照）。

　希望退職制度も、早期退職優遇制度と同様、一般的には、合意退職に向けて企業が従業員に対して「申込みの誘引」を行うもので、従業員の応募は「申込み」であり、これに対する企業の「承諾」があって初めて合意退職が成立すると理解されています（Q26参照）。

　なお、希望退職は、最終的に整理解雇を視野に入れて行うことが多いため、整理解雇の要素の一つである、人選の合理性の要素を満たす必要があり、早期退職優遇制度よりも、公平な取り扱いの要請が強くなる傾向がみられます。また、経営状況が悪化した場合に実施するため、平時に行う早期退職優遇制度よりも、優秀な従業員が企業に見切りをつける可能性が高くなるので、そのような従業員をどのように引き留めるかが重要なポイントとなります（詳細はQ27参照。なお、整理解雇の詳細についてはQ34参照）。

岡野貴明　弁護士（森・濱田松本法律事務所）

竹岡裕介　弁護士（弁護士法人mamori）

第2章

早期退職・希望退職

83

優秀な従業員からの早期退職の申し出を断ってもよいか

募集時に「企業の承諾が必要」等と明示している場合には、原則として許される。もっとも、実務上は合理的な選定基準にのっとって、恣意的な運用をしないことが必要

1 早期退職優遇制度の告知の法的性質

早期退職優遇制度においては、一般的に、優秀な従業員の早期退職を防ぐため、同制度の利用には企業の承諾が必要である旨を明示して、適用対象となる従業員を限定する場合が多いです。このような限定は原則として許容されますが、本稿では基礎的な法律論から説明します。

早期退職優遇制度・希望退職制度の存在を告知することは、法的には、労働契約の合意解約に関する「申込みの誘引」であると考えられています。Q23で述べたように、早期退職優遇制度における退職は労働契約の合意解約であると解されるところ、この合意解約は、当事者双方の合意（申込みと承諾の合致）によって成立します。解約の「申込み」をした場合は相手方の「承諾」により解約が成立しますが、「申込みの誘引」をした場合は、相手方からの意思表示は「承諾」ではなく「申込み」であり、「申込みの誘引」を行った当事者が相手方の「申込み」を「承諾」して初めて合意解約が成立することになります［図表2-1］。

2 原則

早期退職優遇制度の告知の法的性質からすると、従業員からの早期退職の申し出（申込み）があっただけでは合意解約は成立しません。した

図表2-1 ●通常の自己都合退職と早期退職優遇制度における退職との違い

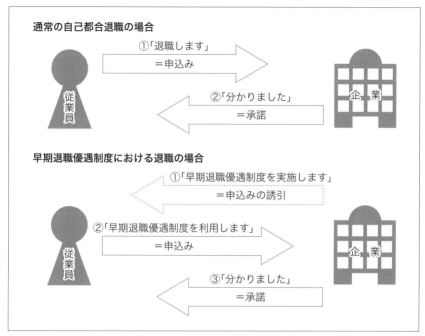

通常の自己都合退職の場合

①「退職します」
＝申込み

②「分かりました」
＝承諾

従業員

企　業

早期退職優遇制度における退職の場合

①「早期退職優遇制度を実施します」
＝申込みの誘引

②「早期退職優遇制度を利用します」
＝申込み

③「分かりました」
＝承諾

従業員

企　業

がって、企業は、従業員から早期退職の申し出を受けても、原則として諾否の自由を有するといえます。

　上記のように判示する裁判例は多数あります（富士通［退職金特別加算金］事件　東京地裁　平17.10.3判決、浅野工事事件　東京地裁　平3.12.24判決、日本オラクル事件　東京地裁　平15.11.18判決等）。例えば、富士通（退職金特別加算金）事件は、早期退職優遇制度を定めたガイドライン上で「（企業が）審査し認めた場合に適用することとする」と告知していた等の事実関係の下、「被告（筆者注：企業）による本件プログラム（筆者注：早期退職優遇制度とその優遇措置）の告知は（中略）雇用契約の合意解約の申込みを誘引するものにすぎず、従業員が本件プログラムの適用を申請することが合意解約の『申込み』であり、被告の

第2章

早期退職・希望退職

85

承認がそれに対する『承諾』であって、被告の承認がなされて初めて従業員に有利な条件による雇用契約の合意解約が成立する」と判断しています。

③ 実務的な対応

　もっとも、早期退職優遇制度の利用は、「早期の退職という重要な意思決定を伴うものであること」からしますと、特に、適用除外事由が具体的に規定されているような場合には、恣意的な運用が許容されるべきではなく、信義則上、企業が従業員の早期退職優遇制度利用申請に対する承認を拒否できないと解される場合もあり得ると考えられています（ソニー［早期割増退職金］事件　東京地裁　平14.4.9判決等）。したがって、実務的には早期退職の申し出が認められる選定基準を合理的に定めることが必要となります。

　具体的にどのような選定基準を置くべきかについては、Q29を参照ください。

塚田智宏　弁護士（森・濱田松本法律事務所）

宇賀神 崇　弁護士（森・濱田松本法律事務所）

Q027　希望退職の適用を「会社の承諾制」としてもよいか

A　希望退職とは企業から従業員に対する退職の「誘引」であるため、会社の承諾制とすることも原則として許容される

1 希望退職の募集における「会社の承諾制」とは

　希望退職の募集における「会社の承諾制」とは、希望退職の募集条件として、企業側が希望退職制度の適用を認めた者のみとすることをいいます。「会社の承諾制」が定められる例は少なくありませんが（Q26参照）、これは、希望退職を募集する際、企業が退職してほしくない従業員から応募があった場合に、当該従業員の退職を防ぐことが主たる目的です。

　早期退職優遇制度と同様に、希望退職制度とは企業から従業員に対する退職の「誘引」であって、従業員の応募は希望退職の条件に従った退職の「申込み」と解され、したがって、企業がこれを承諾しない自由があります（企業側の承諾を希望退職の適用の条件とすることができます。Q26参照）。

2 希望退職の特殊性に対する配慮の必要性

　ただし、希望退職については、以下に述べるような、一般の早期退職優遇制度とは異なる観点からの考慮が必要です。

　希望退職制度は、人員を整理して人件費を削減することに究極的な目的がありますが、その目的に照らせば、従業員の能力が高いからといって従業員の退職の申し出を拒否することは、本来の目的に沿いません。また、希望退職に応じる従業員が出ることによって一定の雇用調整がなされ、その結果、「他の従業員の解雇」という事態が回避されますが、ある従業員の応募に対し希望退職制度の適用を拒否することは、他の従業員の利益をも侵害することになります。その意味では、希望退職の募集の場合には、企業に承諾の自由があるとしても、希望退職を申し出た従業員が余人をもって代え難いとして、その具体的理由を説明できるような場合等に限って拒否することが望ましいといえます（他の従業員か

らの反発を招くことも想定されます）。

このような問題点について考えられる対応は、Q32を参照してください。

岡野貴明　弁護士（森・濱田松本法律事務所）

竹岡裕介　弁護士（弁護士法人mamori）

 既に退職を表明していた従業員から、希望退職の対象に含めてほしいと申し出を受けたが、受け入れる必要があるか

 受け入れる必要はない。トラブル防止のため、募集要項上も明示すべき

　希望退職の実施に伴うトラブルとして多いのは、既に退職を表明していた（あるいは退職に合意していた）従業員が、希望退職の募集を知って自分も当該優遇条件の適用を受けたいと希望する場合です。

　この点については、希望退職の募集が開始される前に従業員が退職の意思表示をし、企業がそれを承諾していた場合には、既に退職の効果が生じており、当該条件の適用の余地がありません。もっとも、従業員が退職の意思表示をし、それに対し企業が承諾を行うまでの間に希望退職の募集がなされた場合等には、どのように取り扱うべきか疑義が生じますので、トラブルを未然に避けるために、希望退職の募集要項には、「募集要項が明らかにされた時点よりも前に既に退職の意思表示をしていた者には応募資格がない」旨を明記しておくことが望ましいといえます。

岡野貴明　弁護士（森・濱田松本法律事務所）

竹岡裕介　弁護士（弁護士法人mamori）

Q029 早期退職や希望退職の対象を一部部門や等級・役職、年齢、定年後再雇用者等に限定してもよいか

A 法令に反しない限り、原則として限定は許されるが、対象者の選定基準を明示しておくべきである

 企業の広範な裁量

　早期退職優遇制度や希望退職制度は、従業員に対して、定年年齢に達する前やその他離職をすべき時期より前に退職することを奨励するものにすぎず、企業が退職するかどうかの判断を何ら強制するものではないですし、従業員の従前の労働条件を不利益に変更するものでもありません。したがって、制度の対象となる従業員や退職の条件は、その内容が法律、労働協約等による制限や公序良俗に違反するものでない限り、原則として企業の広範な裁量に委ねられています（西日本電信電話事件　大阪地裁　平15.9.12判決）。

 法令違反

　しかし、対象の限定が法令違反に当たる場合には許されません。例えば、性差別（男女雇用機会均等法6条）、国籍・信条を理由とする差別（労基法3条。ここでいう「信条」とは「特定の宗教的もしくは政治的信念」をいいます〔昭22.9.13　発基17〕）のほか、結婚中の従業員・妊娠中の従業員に対する差別（均等法9条3項、退職勧奨の事例として、ダイヤモンド・ピー・アール・センター事件　東京地裁　平17.10.21判決、今川学園木の実幼稚園事件　大阪地裁堺支部　平14.3.13判決）、組合員差

別（労組法7条）も許されません。

③ 合理的な選定基準の明示と恣意的運用の防止の必要性

　企業の業績が悪いほど、多くの従業員が早期退職・希望退職に応募したいと考えるのが通常です。特に整理解雇を視野に入れた希望退職の募集の場合には、通常は希望退職の対象者の中で応募しなかった従業員の中から解雇の対象者を選ぶことになるため、希望退職の対象者の限定基準が合理的であるかどうかは、整理解雇における対象者選択の合理性が認められるかどうかにも関わってきます（Q34参照）ので、選定基準を設ける場合には、ある程度の合理的な理由が必要です。そして、選定基準を定めた場合には、それを従業員に明示し説明しておくことも望ましいといえます。裁判例を見ると、富士通（退職金特別加算金）事件（東京地裁　平17.10.3判決）は、競業他社へ転職する従業員を早期退職の対象外とすることが公序良俗に反するものではないという結論を導くに当たり、「何ら客観的基準を設けず、全くの裁量で判断することになっていたとはいえない」ことに言及しています。また、限定的な事例ではありますが、企業の存続が危ぶまれ、事実上企業に残るという選択肢が乏しい状況で、短期間のうちに厳しい選択を迫られるような希望退職の募集の場合には、企業の承諾条件は、単に「会社の認める者」という定めでは足りず、明確かつ具体的で、それが確たる根拠に裏づけられていることを要し、従業員が明確に認識できるよう周知する手段を十分に講じなければならないとした裁判例もあります（アジアエレクトロニクス事件　東京地裁　平14.10.29判決）。

　限定が認められた具体例を見ると、例えば、早期退職優遇制度を実施する企業と競業関係にある企業へ転職する者は当該制度の適用対象外とする規定について、公序良俗に反するものではないと判断されています（前掲富士通［退職金特別加算金］事件）。ほかにも、勤続年数および年

齢により限定する場合（アラビア石油事件　東京地裁　平13.11.9判決）
や、希望退職募集では、対象となる従業員を閉鎖予定の支店のみに限定
する場合（シンガポール・デベロップメント銀行［本訴］事件　大阪地
裁　平12.6.23判決）も有効とされています。その他、役職や資格で対
象者を制限している例もあります［図表2-2］。確たる見解は見当たら
ないものの、定年後再雇用者を対象とすることも差し支えないものと思
われます。

図表2-2●希望退職制度の適用・応募条件（複数回答）

―(社)、%―

区　　　分	希望退職
合　　　計	(13)　100.0
年齢	**92.3**
勤続年数	38.5
役職・資格	30.8
特定の職種・部門	15.4
特に条件なし（誰でも応募可能）	7.7
その他	7.7

資料出所：労務行政研究所「早期退職優遇制度・希望退職制度等
　　　　　に関する実態調査」(2020年)
［注］　希望退職を「実施した」「今後実施予定」と回答した企業に
　　　　ついて集計した。

塚田智宏　弁護士（森・濱田松本法律事務所）

宇賀神 崇　弁護士（森・濱田松本法律事務所）

Q030 希望退職の対象を女性が多い「勤務地限定社員」に限定することは可能か

A 「勤務地限定社員」の実態にもよるが、希望退職の対象を実質的に女性のみとすることは許されない

　女性のみを希望退職制度の対象としたり、男女で対象者の年齢を分けるなどの差別をすることは、男女雇用機会均等法6条に違反し、許されません。

　裁判例を見ると、鳥取県教員事件（鳥取地裁　昭61.12.4判決）は、公立学校の教員に対し退職勧奨をする年齢基準に男女差があった事案で、そのような男女年齢差を設けている基準は選定の公平さという観点から違法であるとしました。鳥屋町職員事件（金沢地裁　平13.1.15判決）も、行政職の男性と女性とで退職勧奨年齢を10歳も異にする基準は、その区別について合理的な理由があると認めるに足りる証拠はないから、もっぱら女性であることのみを理由として差別的取り扱いをするものであって違法と判断しました。

　もっとも、「勤務地限定社員」という限定がなされているにすぎない場合には、実態として女性のみを希望退職の対象としているのと変わりがないといえるかどうかという問題があります。全国商工会連合会事件（東京地裁　平10.6.2判決）は、原告である従業員が、自らが有夫の女性であることを理由に退職勧奨されたと主張した事案ですが、現実には企業は40歳以上の全従業員を対象に退職の意向等を確認しており、結論として退職勧奨が違法とは認められませんでした。設問の場合、勤務地限定社員は女性が「多い」とありますので、少数ながら男性も含まれている可能性があります。勤務地限定社員である男性の数その他の実態

によっては、実質的に女性のみを狙い撃ちにした希望退職募集とまでは
いえない場合も考えられます。

宇賀神　崇　弁護士（森・濱田松本法律事務所）

 早期退職金割増率や額を部門や役職、年齢
等により変えてもよいか

 年齢等の事情によって、割増率や額を変更することは可能と考えられる

1 通常の退職金と早期退職優遇制度により加算される退職金の相違

　早期退職優遇制度は、あくまで労働契約の合意解約であって、「応諾
は労働者の自由な意思によるもの」です。このようなことから、「退職
を勧奨する必要性の度合いにより、その時期や所属部所によって、その
支給額が変わっても」平等原則に反するものではないとした裁判例が存
在します（住友金属工業［退職金］事件　大阪地裁　平12.4.19判決）。

　したがって、早期退職金割増率や額について、具体的な事情によって
差異を設けることも可能と考えられます。

2 早期退職金割増率の定め方

　通常の退職金の算定率や額は、年齢を経るごとに増加していくのが一
般的ですが、年齢が高い従業員の退職ほど短期的な人件費の削減効果が
高くなり、また、転職の可能性が小さくなることから、早期退職優遇制

度においては、割増率も退職を促したい者に対して大きくし、早期退職優遇制度のインセンティブを付けることが多いと思われます（逆に退職までの残年数が少なくなる55歳以降は割増率が逓減するケースが多いです。労務行政研究所「早期退職優遇制度・希望退職制度等に関する実態調査」〔2020年〕）。企業によってその内容はさまざまであり、年齢が若いほど退職金の割増率等が高いという制度設計がなされる場合もあります（神奈川信用農業協同組合［割増退職金請求］事件　横浜地裁小田原支部　平15.4.25判決）。

塚田智宏　弁護士（森・濱田松本法律事務所）

宇賀神 崇　弁護士（森・濱田松本法律事務所）

 希望退職者が募集人数を上回った場合、事後的に企業が対象者を選定してもよいか

 恣意的な選定は許されない。そもそも募集人数を上回るような事態を防止する工夫をすることが望ましい

① 企業が対象者を選定することの可否

　Q25〜26で述べたとおり、従業員の希望退職は、企業による承諾があって初めて成立するもので、その場合には、企業は、従業員による希望退職への応募に対して、原則として諾否の自由を有します。もっとも、希望退職者が募集人員を上回った場合に、企業が恣意的な選定により、一部従業員による希望退職への応募を承諾しないこと（対象者を選別すること）は許されません（ソニー［早期割増退職金］事件　東京地裁

平14.4.9判決）。

　また、裁判例には、企業の存続が危ぶまれ、余剰人員とされる者には企業に残るという選択肢が事実上乏しく、かつ希望退職の募集期間が短期間であった場合に、企業が、希望退職に応募した従業員に不承諾の意思を告知せず退職の手続きをした事案で、希望退職への応募を承諾したものと推認するのが相当だとしたものもあります（アジアエレクトロニクス事件　東京地裁　平14.10.29判決）。このように、恣意的な選定にならないとしても、企業が希望退職への応募を承諾しないことを決定した場合には、承諾しないことを明確にするため、従業員に書面にて不承諾の意思を告知することが必要とされます。

② 企業が対象者を選定する際の留意点

　それだけでなく、希望退職に一度応募した従業員が、企業に希望退職応募への承諾を拒否されて働き続けることになったとしても、当該従業員のモチベーションを回復させることは困難です。企業が承諾を拒否しても、なお従業員が労働契約の解消を強く望む場合には、特に無期契約の場合、従業員の一方的な意思表示によって労働契約を終了させること（民法627条。一般に「辞職」と呼ばれる）が当然可能であり、企業はそれを拒否できません。また、承諾を拒否された従業員は、承諾された従業員との不公平感を抱くことになります。したがって、事後の対象者選定は、あまり望ましい方法ではありません。

　企業としては、応募者が予想より多くなるという事態を防止するために、希望退職の募集の際に、あらかじめ定員を決め、「募集人数が定員を上回ったときは、募集を打ち切ることがある」と説明しておき、そもそも事後的に企業が対象者を選定しなければならない状況を防ぐことが望ましいといえます。また、仮に対象者を選定しなければならない状況に陥るとしても、あらかじめ承諾条件を明示しておいた上で、それに沿っ

た運用をすることが望ましいです。その上で、希望退職の募集が始まった後の面談等で、残ってもらいたい従業員については慰留するなどして、そもそも希望退職に応募しないでもらうよう説得することになります。それでも応募の意思が変わらないのであれば、トラブルを避けるため、無理に引き留めないことも検討すべきです。

岡野貴明　弁護士（森・濱田松本法律事務所）

 希望退職者が募集人数を下回った場合、個別に退職勧奨をしてもよいか

 個別の退職勧奨は可能であるが、退職の強要とならないよう留意すべきである

 退職勧奨とは

　退職勧奨とは、企業が従業員に自発的な退職を促す事実行為のことをいいます。事実行為にすぎないことから、退職勧奨は原則自由であり、希望退職者が募集人数を下回った場合にも、退職勧奨をすることは可能です。

2 退職勧奨の限界

　もっとも、退職勧奨は、従業員の任意の意思を尊重する態様で行う必要があります。すなわち、勧奨の回数、勧奨の期間、勧奨を行う者の数、勧奨を行う者の言動、従業員の名誉等に配慮し、従業員本人の自由な意

思による退職の申し出が可能な状況でなければなりません（Q40〜41参照）。自発的な退職を促す限度を超えた退職勧奨は不法行為となり、企業が損害賠償責任（慰謝料などの支払い義務）を負う場合もあります（民法709条）。

　例えば下関商業高校事件（最高裁一小　昭55.7.10判決）は、既に従業員が一貫して退職勧奨に応じない旨を表明しているにもかかわらず、10回以上、1回につき短い時で20分、長い時で2時間15分にわたる退職勧奨をしていた事案において、退職勧奨をした下関市などに、当該従業員に対する慰謝料の支払い義務を肯定しました。

　このほかにも、性別を理由とする退職勧奨（男女雇用機会均等法6条4号）や、不当労働行為（労組法7条）などに該当する退職勧奨は違法となります。

③ 退職勧奨に応じなかった者に対する措置

　退職勧奨に応じなかったことを理由に、配転・降格・出向、賃金減額などの不利益処分を行った場合は、自主的に退職させるよう仕向けて行われたものとして無効とされる場合があります。

　例えば、リコー（子会社出向）事件（東京地裁　平25.11.12判決）では、希望退職に応じるよう3回ないし4回にわたり勧奨され、従業員がこれを拒否したところ、子会社への出向命令を受けた事案において、「本件出向命令は、退職勧奨を断った原告ら（筆者注：従業員）が翻意し、自主退職に踏み切ることを期待して行われたもの」であって、「本件出向命令は、（中略）人選の合理性（対象人数、人選基準、人選目的等）を認めることもできない」として、出向命令を無効としました。

岡野貴明　弁護士（森・濱田松本法律事務所）

希望退職者が募集人数を下回った場合、整理解雇をしてもよいか

 希望退職者が募集人数を下回っても、直ちに整理解雇が行えるわけではない

1 整理解雇とは

　整理解雇とは、企業の経営不振などによる人員削減のための解雇です。もっぱら企業側の事情による解雇である点で、懲戒解雇や普通解雇とは異なります。

　解雇は、客観的に合理的な理由を欠き、社会通念上相当であると認められない場合は、解雇権を濫用したものとして無効になります（労契法16条）。

2 整理解雇の有効性の判断

　整理解雇の有効性は、一般的には、①人員削減の必要性、②整理解雇選択の必要性（解雇回避努力義務）、③被解雇者選定の妥当性、④手続きの妥当性の4要素（要件）を考慮して判断するものとされています（東洋酸素事件　東京高裁　昭54.10.29判決）。

■ 人員削減の必要性

　人員削減の必要性に関しては、解雇を必要とする程度に高度の経営上の必要性(例えば、経営不振など)が存在することが要件となります。もっとも、裁判例には、企業の経営判断を尊重し、経営困難に陥る前に、経営合理化や競争力強化のために事業部門を廃止・縮小する場合にもこれ

を認めるものもあります（前掲東洋酸素事件）。

2 整理解雇選択の必要性

　整理解雇選択の必要性は、経費削減努力（交際費や役員報酬の削減、残業の削減等）のほか、希望退職の募集や配転、出向や転籍等の手段によって、解雇を回避する努力をしたかどうかにより判断されます。

　今回のケースでは、希望退職募集の方法が解雇回避努力として十分なものだったかが問題となります。そこで、整理解雇選択の必要性を基礎づけるためには、例えば、希望退職者が募集人員を下回った場合には整理解雇を行う可能性があることを、希望退職募集時に明示しておくことが望ましいです。

　また、解雇の回避には、配転や出向という方法もあります。地域限定のない正社員に対しては、企業は業務命令として配転や出向を命じることができるため、配転や出向が可能であるのにこれをせずに整理解雇することは通常困難です。さらには、従業員の個別の同意が必要ですが、転籍という手法もあります。そのほか、再就職支援サービスの活用や、あるいは経営陣が転職の受け入れ先を探すこともあります。

3 被解雇者選定の妥当性

　整理解雇を行うに当たっては、被解雇者選定の客観的で合理的な基準を設け、公正に適用する必要があります。

　整理解雇を行う企業では、年齢や勤怠、懲戒歴、または成績、能力、勤務態度などの基準を設けて被解雇者を選定することが多いです。

　このうち、成績、能力、勤務態度の基準は、評価が企業の主観に左右されることもあり、裁判で争われやすいです。そこで、成績、能力、勤務態度を選定基準とする際は、評価対象期間や評価項目、評価方法など、客観的といえる基準を日頃から設定しておくことが望ましいといえます。

4 手続きの妥当性

　労働協約上の義務の有無にかかわらず、労働組合および従業員に対し、整理解雇の必要性・時期・規模・方法について十分に説明や協議を行わ

なければなりません。

岡野貴明　弁護士（森・濱田松本法律事務所）

 希望退職募集で１次募集、２次募集での優遇措置に違いを設けるのは問題か

 可能であるが、違いを設ける必要性に留意すべきであり、１次募集後、特段の事情もないのに、条件を変えた２次募集をすることは避けるべき

　企業が１次募集、２次募集など複数回に分けて希望退職を募集する場合には、優遇措置に違いが出ることがあります。希望退職の募集時期によって、優遇措置の違いがある場合には、優遇措置の条件が低い退職者が、優遇措置の条件がより高い退職者と平等に取り扱われていないとして、平等原則違反を主張することがあります。

　住友金属工業（退職金）事件（大阪地裁　平12.4.19判決）は、早期退職優遇制度により退職した従業員が、企業に対し、その退職後に行われた希望退職募集において、企業が希望退職により退職する従業員に上積み金を支給したことは、平等取り扱い義務に違反すると主張し、上積み金相当額を請求した事案です。この判決では「退職金に対する加算金は、退職勧奨（筆者注：希望退職募集を指す）に応じる対価であるから、退職を勧奨する必要性の度合いにより、その時期や所属部所によって、その支給額が変わっても、基本的には応諾は労働者の自由な意思によるものでもあり、平等原則に違反するとはいえない」として請求を棄却しました。

　この裁判例を前提とすれば、希望退職に応じるか否かについては、従

業員に判断の自由がある以上、時期によって優遇措置に差が出ることは平等原則には違反しないと考えられます。ただし、同裁判例は、多人数の希望退職を求める必要があった事例であり、異なる事情でも同様に判断されるかどうかは明らかではありません。

　労働者との紛議を避けるためにも、特に時期が空いておらず、1次募集後の特段の事情もないのに、条件を変えた2次募集をすることは避けるべきです。

岡野貴明　弁護士（森・濱田松本法律事務所）

 再就職支援会社を利用する場合の留意点

 「労働移動支援助成金」の支給を受けることを検討するべき

　事業規模の縮小等に伴う希望退職を募集するに当たって再就職支援会社を利用する場合には、再就職の支援を行う事業主に対し支給される「労働移動支援助成金」の受給を検討することが考えられます。この助成金は、雇用保険法上の雇用安定事業の一環として実施されているものです（同法62条1項2号）。

　主な手続きとしては、離職を余儀なくされる従業員の再就職の援助の措置に関する計画（再就職援助計画）を、過半数労働組合または従業員の過半数代表者（労働組合等）の意見を聴いた上で作成し、公共職業安定所長に提出し、その認定を受けることが必要です（労働施策総合推進法24～26条）。解雇等により離職することとなっている45～65歳の従業

図表2-3●再就職支援に対する労働移動支援助成金の内容

「再就職支援」の支給額は、次の①～③の合計額です。①～③の合計額については、委託総額または60万円のいずれか低いほうを上限額とします。

①再就職支援（通常）

中小企業事業主	中小企業事業主以外
（委託総額－②訓練実施にかかる委託費用－③グループワーク加算額） × $\frac{1}{2}$（45歳以上の場合 $\frac{2}{3}$）の額	（委託総額－②訓練実施にかかる委託費用－③グループワーク加算額） × $\frac{1}{4}$（45歳以上の場合 $\frac{1}{3}$）の額

再就職支援（特例区分）

中小企業事業主	中小企業事業主以外
（委託総額－②訓練実施にかかる委託費用－③グループワーク加算額） × $\frac{2}{3}$（45歳以上の場合 $\frac{4}{5}$）の額	（委託総額－②訓練実施にかかる委託費用－③グループワーク加算額） × $\frac{1}{3}$（45歳以上の場合 $\frac{2}{5}$）の額

②訓練加算

中小企業事業主	中小企業事業主以外
訓練実施にかかる委託費用 × $\frac{2}{3}$ の額（上限30万円）	

③グループワーク加算

中小企業事業主	中小企業事業主以外
3回以上実施で1万円	

資料出所：厚生労働省「労働移動支援助成金ガイドブック―再就職支援コース―」

員のうち再就職を希望する者に対する「求職活動支援書」（高齢法17条）を、労働組合等の同意を得て作成することでも、支給を受ける余地があります。

　支給額は、雇用保険法施行規則102条の5に定められていますが、詳しくは、［図表2-3］のほか、厚生労働省のホームページ等を参照ください。

宇賀神 崇　弁護士（森・濱田松本法律事務所）

早期退職・希望退職を申し出た従業員が退職日前に撤回を求めてきた。応じる必要があるか

 企業が承諾する前であれば、撤回に応じる必要があると考えられる

 企業の承諾後

　早期退職優遇制度や希望退職制度の告知は、合意解約の「申込みの誘引」にすぎないと解される事例がほとんどと思われます（Q25〜26参照）が、従業員がかかる告知を受けて当該制度の利用を申し出て（申込み）、企業が従業員からの申込みを承諾すれば、その時点で、労働契約の合意解約は成立します。したがって、同時点以降は、撤回に応じる必要はありません。

　なお、それほど多い事態ではありませんが、早期退職優遇制度や希望退職制度の告知が企業による合意解約の「申込み」と考えられる場合には、従業員が同制度の利用を申し出た（承諾）時点で合意解約は成立しますので、撤回に応じる必要はありません。

② 企業の承諾前

　他方、企業が承諾する前に従業員が申し出を撤回してきた場合はどうでしょうか。

　民法上、「申込み」は、一定期間撤回することができないと定められています（同法521条、524条）。その趣旨は、申込みの撤回がまったく自由であるとすると、申込みを承諾するかについて調査その他の準備を

すると考えられる相手方が不測の損害を被るおそれがあるため、そのような相手方を保護することにあります。そうすると、新規の契約ではなく、従前継続してきた労働契約の合意解約の申込みに当たっては、その趣旨が妥当しないとも考えられます。実際、「労働者による雇用契約の合意解約の申込は、これに対する使用者の承諾の意思表示が労働者に到達し、雇用契約終了の効果が発生するまでは、使用者に不測の損害を与えるなど信義に反すると認められるような特段の事情がない限り、労働者においてこれを撤回することができると解するのが相当」との裁判例も出されています（学校法人白頭学院事件　大阪地裁　平9.8.29判決）。

　したがって、企業が承諾をする前に従業員が申し出の撤回を求めてきた場合には、撤回を認める必要があると考えられます。このような事態を回避するために、早期退職優遇制度や希望退職制度に応募してきた従業員に対して、その場で「受理通知書」を交付し、承諾の意思表示をすることが考えられます。もっとも、早期退職優遇制度や希望退職制度により退職させることが望ましくない優秀な人材については、事前に慰留をするなどして、そもそも退職の申し出をしないように説得しておくことが必要です（Q32参照）。退職の申し出があった後に「受理通知書」を交付しないという対応を取ることも考えられますが、慰留しても退職の意思が変わらない場合には、無理に引き留めないこともトラブル防止のためには必要な場合も多いです。

岡野貴明　弁護士（森・濱田松本法律事務所）

塚田智宏　弁護士（森・濱田松本法律事務所）

Q038 早期退職者・希望退職者に「同業他社への就職」を制限できるか

A ①従業員の企業における立場・地位、②競業禁止の目的、③競業禁止の職種・期間・地域等の限定の有無、④代償措置の有無等の事情により、制限の有効性が判断される

　早期退職・希望退職の募集は、法的には労働契約の合意解約であるから、募集条件に「○歳以上」や「勤続○年以上」などの一定の条件を付けるのは、原則として可能です（Q29参照）。従業員がその条件で退職したくないと考えるなら、応募しなければ済むことだからです。

　では、本問で問題となっている「同業他社への就職」についてはどうでしょうか。例えば、応募者の条件として、「許可なく1年間同業他社に転職してはならず、許可なく同業他社に転職した場合は退職加算金の返還を求める」旨の競業禁止義務の規定などを定めることは、実務上も許容されています。

　もっとも、退職後の競業禁止義務の有効性は、特に元従業員の職業選択の自由との関係で問題とされています。裁判例では一般に、①その従業員の企業における立場・地位が競業禁止を課すのにふさわしいか、②使用者の固有の秘密・ノウハウの保護を目的とすること（営業秘密など企業の正当な利益の保護を目的とするものなのか、単にライバルを減らして競争制限をしようというものなのか）、③競業禁止の職種・期間・地域が不当な制約にならないかどうか、④代償措置、金銭的補償があるのかどうか──といった点が、競業禁止特約の有効、無効を判断する際の判断基準となっています（東京貨物社事件　浦和地裁　平9.1.27決定）。

　早期退職優遇制度における退職後の競業禁止義務の有効性が問題と

なった裁判例として、次のようなものがあります（富士ゼロックス事件 東京地裁　平17.6.27判決）。早期退職優遇制度を用いて退職した元従業員Yに対し、使用者であったX社が、当該制度で定められた競業禁止義務に違反したことを理由に退職金等の返還を請求した事案です。この事件では、当該制度が従業員の自己実現を支援する趣旨のものであってもっぱら人員削減のために導入されたものではないこと、X社がYに対し当該制度の適用を勧めたこともないこと、Yの援助金と退職金加算分は退職直前の月額給与の74カ月分超であった一方、Yは退職時に定年まで5年程度を残すのみだったこと等の事情の下では、地域や職務態様に限定がなく、5年にわたり一切の競業行為をしない内容の競業禁止義務も有効と判断しました。事例判断ではありますが、実務上一応の参考になります。

宇賀神　崇　弁護士（森・濱田松本法律事務所）

竹岡裕介　弁護士（弁護士法人mamori）

 希望退職制度の対象に「（私傷病）休職中の者」を含めても問題ないか

 対象にすることはできるが、退職勧奨を行う際には勧奨方法に注意する必要がある

　休職とは、種々の事由により従業員に就労させることが適切でない場合に、労働契約を存続させつつ労働義務を一時的に消滅させる人事上の措置をいいます。休職の事由の代表的なものとして、本問で問題となる私傷病（業務外のけが・病気）があります。

　希望退職制度は、人員整理のために、退職金を割り増しした上で任意に退職してもらうというものです。希望退職制度の性格は個々の事案ごとに異なりますが、裁判例では、早期退職の募集を合意解約の「申込みの誘引」、従業員の応募を合意解約の「申込み」と解するのが一般です（Q26参照）。「申込みの誘引」は、単なる勧誘ですし、退職金を割り増しした上で退職する機会を与えようとするものですから、たとえ希望退職の対象に含まれたとしても、休職中の者に法的な不利益はありません。また、人員整理の段階で就労しておらず、会社に対する貢献が乏しい従業員を、実際に勤務している従業員に比して優遇する理由はありません。したがって、希望退職の対象に休職中の者を含めること自体は、原則として問題はありません。

　もっとも、希望退職の対象になった休職者に対し退職勧奨をする場合には、別の配慮が必要です。退職勧奨も、退職勧奨を受ける従業員の自由な意思決定が妨げられるなどする場合には不法行為（民法709条）に当たり許されない（下関商業高校事件　最高裁一小　昭55.7.10判決等）と考えられます。近時、違法な退職勧奨を行ったことにより精神障害が増悪したとして、慰謝料の支払いのほか、私傷病休職の休職期間満了による退職の効力を認めなかった裁判例が存在していますが（エム・シー・アンド・ピー事件　京都地裁　平26.2.27判決）、近年多く見られる精神疾患を原因とする私傷病休職の場合には、退職勧奨によってさらに病状を悪化させる危険があります。そのため、退職勧奨の方法には、産業医の指導と立ち会いの下に行う等、細心の注意を払う必要があります。

　　　　　　　　　　宇賀神　崇　弁護士（森・濱田松本法律事務所）

第3章

退職勧奨

退職勧奨とは何か。また、退職勧奨はどこまで許されるか

A 使用者が労働者に退職を勧める退職勧奨は原則として自由であるが、その手段・方法が社会通念を逸脱することは許されない

1 退職勧奨とは

退職勧奨とは、使用者が雇用する労働者の自発的な退職意思の形成を働き掛けるための説得等の行為であって、それを受けるか否かが対象とされた労働者の自由意思に委ねられているものをいいます（下関商業高校事件　広島高裁　昭52.1.24判決、最高裁一小　昭55.7.10判決、日本アイ・ビー・エム事件　東京地裁　平23.12.28判決等）。

この退職勧奨は、実務上、①不況時の人員削減策、②定年前高年齢者の削減策、③いわゆる問題社員に対する自主退職を促す策などとして行われることが一般的です。使用者が解雇ではなく、退職勧奨を優先的に行うのは、司法上、解雇の有効性（労契法16条）が厳格に判断されていることに起因しています。

2 退職勧奨はどこまで許されるか

退職勧奨を規制する直接的な法律上の規定はなく、「勧奨」にとどまり、その手段・方法が社会通念上相当と認められる限り、使用者の労働者に対する退職勧奨は適法となります。

しかし、「労働者の自発的な退職意思を形成する本来の目的実現のために社会通念上相当と認められる限度を超えて、当該労働者に対して不

当な心理的圧力を加えたり、又は、その名誉感情を不当に害するような言辞を用いたりすることによって、その自由な退職意思の形成を妨げるに足りる不当な行為ないし言動をすることは許されず、そのようなことがされた退職勧奨行為は、もはや、その限度を超えた違法なものとして不法行為を構成する」(前掲日本アイ・ビー・エム事件)と解されており、注意が必要です。

退職勧奨が違法なものと判断される典型的な例としては、暴力行為、面談中に物を投げつけたり、たたきつけたりする行為、労働者の人格を非難する発言や名誉を毀損するような発言がなされた場合、多数回の長時間にわたる面談、多人数による面談の継続、退職しない旨の明確な意思表示をしているにもかかわらず、退職勧奨を執拗に継続することなどが挙げられます。

根本義尚　弁護士（根本法律事務所）

 退職勧奨する場合、面談の仕方や管理職の発言など、どのような点に留意すべきか

 面談人数、時間、場所等に留意するとともに、労働者（被面談者）に対する敬意を払うことを忘れないようにする

1 退職勧奨に関する一般的な留意事項

退職勧奨は原則として自由ですが、その説得のための手段・方法が社会通念上相当と認められる範囲を逸脱する場合には違法となります（違法となる典型例についてはQ40参照）。

退職勧奨を行う面談の方法等についても、決まったルールがあるわけではありませんが、一般的な留意事項を挙げれば次のとおりです。

①面談者は2人とし、1人が話し手で、もう1人は書記役として話さないこと

　退職強要（違法な退職勧奨）があったなどと労働者（以下、本問では「被面談者」という）に主張された場合には、言った言わないになることが多く、証人候補（書記役）として1人同席させるべきです。

②1回の面談時間は30〜40分程度を目安として、1時間を超えないようにし、日を改めることも検討すること

　被面談者から監禁されたとの主張をされないよう長時間の面談は避けるべきです。なお、面談の際の座る位置は、被面談者が出入り口に近いほうがよいです。

③面談は就業時間中に会社施設内で行い、終業時刻の1時間前くらいに行うこと

　面談はあくまで業務となるため、就業時間外に行えば時間外労働となってしまいます。また、被面談者の精神面に配慮して退職勧奨の面談後は職場に戻さず、そのまま帰宅させるようにしたほうがよいでしょう。

④面談中に面談者や被面談者が感情的になり始めたら、面談を中止し、日を改めること

　感情的になると、声を荒らげる、人格非難や物に当たるなどの可能性が生じます。冷静に話をするためにも日を改めるべきです。

⑤被面談者が退職しない旨の明確な意思表示をした場合には、念のために再度退職の意思を確認する場合を除き、原則として退職勧奨を継続するのは控えること

　退職勧奨は丁寧に説明する必要もあるため、3回程度は行うことが多いですが、被面談者の退職しない意思が明確になった場合には、「勧奨」の域を超えると判断される可能性があるため（Q40の下関商業

高校事件、同日本アイ・ビー・エム事件)、慎重に対処すべきです。

2 面談者の心構え

面談者は会社の業務命令に基づいて退職勧奨をすることになるため、被面談者を退職させなければならないという気持ちが強くなります。その気持ちが強くなり過ぎると、社会通念上相当と認められる範囲を超えた態度に出てしまうことにつながりかねません。

面談者は、被面談者に対して「敬意を払うこと」「礼節をもって接すること」を心掛ける必要があります。状況によっては面談者が被面談者の立場になっていた可能性もあり、他社に行けば重要な戦力として迎え入れられることがあるのも事実です。この心構え一つで、「強要」(違法)の要素が随分と払拭されます。

根本義尚　弁護士（根本法律事務所）

Q042 労働者に退職勧奨する前に、どのような情報を収集しておくべきか

A 一般的な退職の際に説明が必要な情報に加えて、その労働者やその家族状況に関する情報も収集しておくべき

1 退職に関する一般的な情報

労働者に退職勧奨を実施する際には、その労働者が退職した場合の各種想定をしておく必要があるとともに、同人に対して丁寧な説明ができ

るように準備しておく必要があります。

　まず、退職した場合の退職金の金額ですが、使用者が想定している退職日に加えて、3月末日、12月末日等切りのよい日での退職となった場合の退職金の金額も試算しておくべきです（なお、退職勧奨のため、退職金規程の支給係数も会社都合となるのが原則です）。また、退職に当たっての諸手続きについても一通り説明できるように準備しておく必要があります。特に、雇用保険の失業給付に関する説明は重要です。ただし、具体的な受給金額および受給要件等については、間違いがあっては困るので、労働者に直接ハローワークに問い合わせてもらうべきです。

　次に、年次有給休暇の残日数についても確認しておく必要があります。労働者としては、退職勧奨に応じる決意をしたとしても、年次有給休暇に残日数があれば、それを消化したいと考えるのが当然であって、最終出勤日の設定とも関係してきます。

　さらに、労働者の所属長には、引き継ぎを含め、退職の意思表示から最終出勤日までの日数がどの程度必要になるのかといったことも確認しておく必要があります。

② 対象となった労働者に関する個別情報

　対象となった労働者本人の情報については、退職金の試算に必要となる労働者の年齢、勤続年数、資格等級等が挙げられます。

　そして、退職勧奨による退職は、労働者が想定していた時期での退職とはならないことからも、その労働者のみならず、家族にも影響を与えることになるため、家族に関する情報等も、面談前に収集しておくべきです。具体的には、配偶者の就業状況、子女の年齢および就学状況、育児や介護の状況、その他家族の健康状態等、さらに、住宅ローンの残債務等についても確認しておいたほうがよいでしょう。退職勧奨を受けた労働者は、自身のことに加え、家族のことも考えて退職を受け入れるか

否かを検討することになりますし、家族にも相談するのが一般的です。使用者としては、労働者からの質問や要望に備えて、想定質問を作成して面談に臨むことになりますが、上記情報を収集しておくことによって、想定回答の用意も可能になります。

　なお、これら家族状況等を把握しておくことによって、使用者としてもその個別事情に配慮した退職日の再設定を提案することも可能となり、柔軟な対応を取りやすくなります。

根本義尚　弁護士（根本法律事務所）

 退職勧奨による退職者に対して割増退職金を支払うことは必要か

 法的には必要ないが、使用者の都合による退職勧奨の際には支払うべきで、その他の場合についても退職への契機とすべく支払うことを検討したほうがよい

 原則

　退職勧奨を規制する直接的な法律上の規定はなく、「勧奨」にとどまり、その手段・方法が社会通念上相当と認められる限り、適法です。労働者が退職勧奨に応じて退職する場合、離職理由は「会社都合」となるのが原則で、退職金規程の支給係数も「会社都合」が適用になります。

　しかし、退職勧奨に当たって割増退職金を支払うか否かについては、使用者の裁量に委ねられています。

② 実務対応

Q40で述べた、使用者が退職勧奨を行う場合のうち、①不況時の人員削減策、②定年前高年齢者の削減策として実施する場合には、金額の多寡は別にしても、実務上、一定の割増金を用意していることが多いです。それに対し、③いわゆる問題社員に対する自主退職を促す策として実施する場合、1〜2回目の面談実施の際には、具体的な割増金の金額等については検討していないことのほうが多いと思われます。

なお、割増退職金を用意することによって、退職の意思表示に関する任意性の判断に影響しますし（強制の要素が減少します）（Q40の日本アイ・ビー・エム事件参照）、労働者が退職勧奨を受諾する契機ともなるため、可能であれば、割増退職金は用意したほうがよいです。

❶ 不況時の人員削減策について

❶の場合は、先に希望退職の募集を実施していることも多く、既に割増退職金を提示しており、その金額では退職に応じなかったということになりますので、個別の退職勧奨により退職を促す場合には、より高額の割増退職金を用意する必要があります。仮に、個別の退職勧奨の前に希望退職を募集する予定がなかったとしても、使用者による都合であることから、一定の割増退職金を用意しておくべきです。

❷ 定年前高年齢者の削減策について

❷の場合は、会社によっては、早期退職優遇制度として、定年退職前の退職に対して割増退職金の支給が規定されています。そのようなこともあり、また使用者による都合である上、退職すればその後の人件費負担を免れることなどを鑑みても、一定の割増退職金の用意が必要でしょう。

そして、❶❷ともに、使用者の都合による退職勧奨であり、対象者も1人ではないことが通常であって、公平性の見地からも、書面による諸条件の提示を行うことが望ましいです。そうすることによって、この

場合の退職勧奨は、使用者からの労働者に対する合意解約の申し込みに対する承諾を勧めるものとなるため、労働者による退職願（退職勧奨受諾書）や退職に関する覚書（確認書）の提出により合意解約が成立することにもなります。

3 いわゆる問題社員に対する自主退職を促す策について

3の場合は、労働者からの退職の意思表示を勧めるものとなり、使用者による退職勧奨は解約申し込みの誘引にすぎないと解されることが多いと思われます。いわゆる問題社員に対する退職勧奨ですから、割増退職金を用意することに抵抗を感じる使用者も多いでしょう。

しかし、退職しなかった場合の配置先の検討や賃金および福利厚生費等の拠出を考えれば、対象労働者と協議しつつ、一定の割増退職金（例えば基本給の3カ月分など）を支給すること、もしくは、退職日を3カ月後にした上で、その間は就労させずに賃金を支給するといった配慮の対応をすることを検討してもよいでしょう。

なお、**3**の場合において、割増退職金を支給する場合には、退職理由、割増退職金の金額および支給時期、債権債務がないことを確定させる清算条項等を入れた契約書を取り交わしておくべきです。

根本義尚　弁護士（根本法律事務所）

Q044 退職勧奨を拒否した者を解雇することは可能か

A 退職勧奨を拒否したことを理由とする解雇が直ちに有効になることはなく、別途、解雇権濫用の法理に照らして有効性が判断される

　「解雇は、客観的に合理的な理由を欠き、社会通念上相当であると認められない場合は、その権利を濫用したものとして、無効」となります（労契法16条）。

　それに対し、退職勧奨は、Q40で述べたとおり、使用者が雇用する労働者の自発的な退職意思の形成を働き掛けるための説得等の行為にすぎず、使用者はその手段・方法が社会通念上相当と認められる範囲で、解雇の有効性にかかわらず、自由に行うことができます。

　要するに、退職勧奨と解雇の有効性の判断は、別の問題であり、使用者が退職勧奨を拒否した者を解雇したとしても、直ちにその解雇が有効になるわけではなく、当該解雇については、別途、解雇権濫用の法理に照らしてその有効性が判断されることになるのです。

　実務上、使用者は、司法解雇が有効となる可能性が低い場合においても、退職勧奨を行っているケースが多いです。しかし、解雇事由がないにもかかわらず、使用者において、退職しなければ解雇となる旨を告知しつつ、退職勧奨を行い、その労働者が退職願を提出した場合、後に、錯誤や強迫等を理由として、その意思表示の取り消しを主張されるリスクがあるため、注意が必要です（錯誤について、駸々堂事件　大阪高裁平10.7.22判決、最高裁三小　平11.4.27判決が控訴審判決を追認。強迫について、ニシムラ事件　大阪地裁　昭61.10.17決定）。

根本義尚　弁護士（根本法律事務所）

退職勧奨を拒否した者に業務配分せず、一定期間自宅待機とし、その後、配転とともに降格させることは可能か

A 業務上の必要性や合理性があり、その労働者に著しい不利益を負わせるものでなく、報復措置とは認められなければ、原則として配転命令は有効となるが、配転命令やそれに付随する自宅待機および降格ともに慎重に判断される

1 退職勧奨拒否後の異動は慎重に

　退職勧奨は、その手段・方法が社会通念上相当と認められる範囲で、使用者は自由に行うことができます。

　人事上の異動である配置転換は、使用者の広汎な裁量に委ねられており、①業務上の必要性が存しない場合、または②業務上の必要性が存する場合であっても、(i)他の不当な動機・目的をもってなされたものであるとき、もしくは(ii)労働者に対し通常甘受すべき程度を著しく超える不利益を負わせる配転命令であるときに限って権利の濫用になります（東亜ペイント事件　最高裁二小　昭61.7.14判決）。

　よって、退職勧奨も配転命令も使用者の裁量に委ねられているため、退職勧奨後の配転命令も使用者が自由に行えるといえそうです。

　しかし、労働者が退職勧奨を拒否した後の配転命令や降格は、その労働者にとっては報復的措置と映る上、時間軸的にもそのように考えられがちです。そのため、裁判所においても、退職勧奨拒否後の配転命令に関し、その合理性の有無を慎重に判断しています。使用者としても、配転命令の業務上の必要性を含めた配転命令の合理性を説明できる用意をしておく必要があります（なお、退職しなかったとしても、職場の秩序を乱したことを理由に、配転を命じなければならないこともありますが、

その場合には、過去の注意指導の裏づけとなる書面や電子メール等を収集・確保しておく必要があります）。

　もっとも、配転命令やそれに伴う降格命令に業務上の必要性や合理性があり、労働者に著しい不利益を負わせるものでなく、報復措置とは認められなければ、権利の濫用として無効となることもありません（ただし、降格については、職能資格の引き下げは規則上の根拠を要するなど、その判断は厳格に行われることになる点には注意が必要です）。

② 過去の裁判例の概観

■退職勧奨を拒否した後に自宅待機期間を経て技術開発業務から単純作業の肉体業務への配置転換を命じ、さらに、嘱託職員が行っていたゴミ回収業務への配置転換を命じたことは、その前の自宅待機命令を含めて権利の濫用として無効とされました（フジシール［配転・降格］事件　大阪地裁　平12.8.28判決）。

■退職勧奨を拒否した後に1年以上の自宅待機期間を経て、部長から係長への降格（給与半減）を命じたことは、合理性、必要性が基礎づけられておらず、人事権の濫用に当たるものとして無効とされました（明治ドレスナー・アセットマネジメント事件　東京地裁　平18.9.29判決）。

■課長が退職勧奨を拒否した後に、倉庫係へ降格・配置転換（給与半減）を命じたことは、権利の濫用として無効であり、不法行為ともなるとされ、さらに、配転命令と一体としてなされた降格命令についても権利の濫用として無効とされました（新和産業事件　大阪高裁　平25.4.25判決）。

■退職勧奨を拒否した後に、嫌がらせの転籍、定年1年前に片道2時間半の通勤を要する勤務先への5年間の出向を命じたことは不法行為であるとされました（兵庫県商工会連合会事件　神戸地裁姫路支部　平24.10.29判決）。

根本義尚　弁護士（根本法律事務所）

退職勧奨が違法であるとして不法行為が成立した場合、どうなるか

 退職勧奨が違法となった場合には、使用者に慰謝料支払い義務が生じるところ、一般的には20万～30万円程度であるが、悪質な場合には、高額となる場合もある

1 退職勧奨が違法となる場合

　Q40で述べたとおり、退職勧奨は原則として自由ですが、「労働者の自発的な退職意思を形成する本来の目的実現のために社会通念上相当と認められる限度を超えて、当該労働者に対して不当な心理的圧力を加えたり、又は、その名誉感情を不当に害するような言辞を用いたりすることによって、その自由な退職意思の形成を妨げるに足りる不当な行為ないし言動をすることは許されず、そのようなことがされた退職勧奨行為は、もはや、その限度を超えた違法なものとして不法行為を構成する」とされています（前掲Q40の日本アイ・ビー・エム事件）。

　そして、退職勧奨が不法行為に該当すれば、会社および行為者は損害賠償義務（慰謝料支払い義務）を負うことになります。

2 違法か否かの判断要素等

　これまでの裁判例は、大要、以下の要素を考慮して違法か否か、違法の場合における慰謝料額の算出に際して考慮していると考えられます。
①退職勧奨の回数・頻度・期間、1回当たりの勧奨時間
②退職勧奨の態様（面談人数、暴力・物を投げつけるなどの有形力の行使等）

③退職勧奨の表現内容（侮辱的、名誉毀損的な表現、解雇という直截的<ruby>直截<rt>ちょくせつ</rt></ruby>な表現等）

④退職勧奨の理由およびそれに対する十分な説明の有無（使用者都合か、対象者に問題があるのか、その内容に関する十分な説明がなされたかなど）

⑤退職しない明確な意思表示の有無

⑥当該労働者の置かれている状況（傷病中かなど）

③ 慰謝料金額の範囲

　前記のとおり、退職勧奨が違法となった場合には、会社および行為者に慰謝料支払い義務が生じますが、その金額の範囲は、事案において裁判所が判断することになるため、計算方法やその金額の範囲を明確にすることは困難です。

　そのような中、これまでの裁判例では、慰謝料額としては、一般的に、20万～30万円程度が認容されるケースが多いといわれています（別冊ジュリスト『労働判例百選 第9版』〔有斐閣〕141ページ）。

　もっとも、上記②の判断要素に照らして、悪質性が高いということになれば、80万（上司5人が約4カ月の間に30回以上の退職勧奨を行い、その都度数時間〔最長8時間〕行った全日本空輸［退職勧奨］事件　大阪高裁　平13.3.14判決）～100万円の慰謝料額が認定されることもあります。

　さらに、暴力行為、プライバシー侵害行為、退職に追い込むための異動、名誉毀損行為等が退職勧奨に付随して行われた場合には、相当高額な慰謝料額の認定がなされることがあるため、注意が必要です。

■退職勧奨に付随して悪質な行為が行われた場合の裁判例

【暴力行為】

- エール・フランス事件　東京高裁　平8.3.27判決：慰謝料額200万円、加えて仕事差別について100万円
- 東京都ほか（警視庁海技職員）事件　東京高裁　平22.1.21判決：慰謝料額150万円

【プライバシー侵害行為】

- 東京都（警察学校・警察病院HIV検査）事件　東京地裁　平15.5.28判決：東京都に対して慰謝料額300万円

【退職に追い込むための孤立化嫌がらせ】

- 国際信販事件　東京地裁　平14.7.9判決：慰謝料額150万円

【退職に追い込むための異動】

- 前掲兵庫県商工会連合会事件：慰謝料額100万円
- アールエフ事件　長野地裁　平24.12.21判決：慰謝料額200万円

【退職に追い込むための降格・賞与の減額等】

- A社長野販売ほか事件　東京高裁　平29.10.18判決：慰謝料額100万円

【名誉毀損行為】

- 東京女子醫科大学（退職強要）事件　東京地裁　平15.7.15判決：慰謝料額400万円

根本義尚　弁護士（根本法律事務所）

メンタルヘルス不調による休職・復職を繰り返す社員に対する退職勧奨の是非

A 会社による退職勧奨によってその症状が悪化する可能性もあるため、慎重に対応する必要があり、家族等を交えた話し合いをすべきである

1 メンタルヘルス不調者に対する退職勧奨

Q40で述べたとおり、退職勧奨を規制する直接的な法律上の規定はなく、その手段・方法が社会通念上相当と認められる限り、適法となるのが原則です。この点については、メンタルヘルス不調者に対する退職勧奨であっても、同様です。ただし、自分で退職するか否かの判断ができないほどにメンタルヘルス不調が重い状態にある労働者に対する退職勧奨は、すべきではありません。

また、症状も人それぞれで異なり、会社による退職勧奨によって、その症状が悪化する可能性もあるため、慎重に対応する必要があります(エム・シー・アンド・ピー事件〔京都地裁 平26.2.27判決〕では、退職勧奨による心理的負荷により、うつ病が自然的経過を超えて悪化したと判断されました)。そこで、会社がメンタルヘルス不調者に対して退職勧奨を行うに当たっては、配偶者、親、身元保証人等（以下、家族等）を交えて話し合いをすべきだといえます。プライバシーや個人情報の見地から本人以外を交えて退職の話をすることは問題だとの見解もあると思われます。しかし、メンタルヘルス不調者は、会社を退職するか否かにかかわらず、家族等の支えや理解が必要になってくることからも、家族等に本人が置かれている状況等を理解してもらう必要があり、上記対応が適切だと解されます（なお、精神障害のある労働者に関し、家族に

連絡することを認めた豊田通商事件〔名古屋地裁　平9.7.16判決〕もあります）。

② 休職制度との関係

　休職とは、「ある従業員について労務に従事させることが不能または不適当な事由が生じた場合に、使用者がその従業員に対し労働契約関係そのものは維持させながら労務への従事を免除することまたは禁止すること」（菅野和夫『労働法 第12版』［弘文堂］742ページ）をいい、実務上「解雇猶予措置」として扱われています。

　そのため、就業規則に休職の規定がある場合において、私傷病欠勤、それに続く休職を経ずに退職勧奨を行うことは合理的とはいえず、休職期間の経過を見ながら、例えば、休職期間満了の1カ月前などに退職に向けた話し合いをするか否かを決めるべきです。もっとも、メンタルヘルス不調者は、休職期間満了前に復職しても、再度の欠勤を開始するケースも多く、その際に、家族等を交えた退職の話をすることもあり得ます。

　ポイントは、メンタルヘルス不調に至り、欠勤ないしは休職に至ったことから、直ちに退職させたいということで動くのではなく、1度か2度、復職のチャンスを与え、本人も会社も何とか復職できないかを模索した上で、家族等を交えた退職勧奨をするか否かを決めるということです。復職のチャンスを与える際にも家族等を交えて話し合いを行っていれば、会社による退職勧奨に対し、本人や家族等も理解を示して退職に至ることも少なくないのです。

根本義尚　弁護士（根本法律事務所）

妊娠中の女性、育児・介護休業中の者、障害者等に退職勧奨を行うことの是非

妊娠したこと、育児・介護休業を取得したこと、障害者であることが理由ではなく、別の合理的な理由がある場合には、退職勧奨をすることに問題はないが、極力控えたほうがよい

1 前提

退職勧奨を規制する直接的な法律上の規定はないため、使用者は社会通念上相当と認められる手段・方法で行う限り、原則として自由に行うことができます。

しかし、妊娠中の女性、育児・介護休業中の者、障害者等については、会社との関係において弱い立場にあることから、退職勧奨を行うにしても、使用者には慎重な対応が求められ、社会通念上相当と認められる範囲の判断は狭くなると解されます。

2 妊娠中の女性への退職勧奨

男女雇用機会均等法9条3項は、事業主が妊娠したことなどを理由として解雇その他不利益な取り扱いをしてはならないことを定めており、不利益な取り扱いには「退職の強要」も含まれます（同法10条に基づく「労働者に対する性別を理由とする差別の禁止等に関する規定に定める事項に関し、事業主が適切に対処するための指針」平18.10.11　厚労告614、最終改正：平27.11.30　厚労告458　第4「3」(2)ニ）。そして、同指針第4「3」(3)イは、勧奨退職も「労働者の表面上の同意を得ていたとしても、これが労働者の真意に基づくものでないと認められる場合に

は」退職の強要に該当するとしています。

　前記指針があえて退職勧奨について触れていることに鑑みれば、妊娠中の女性への退職勧奨は極力控えたほうがよいものと解され、「妊娠したこと」を理由とする退職勧奨については、原則として違法と判断されることになるでしょう。

 育児・介護休業中の者への退職勧奨

　育児・介護休業法10条および16条は、事業主が育児休業や介護休業を取得したことを理由として解雇その他不利益な取り扱いをしてはならないことを定めています。そして、同法28条に基づく「子の養育又は家族の介護を行い、又は行うこととなる労働者の職業生活と家庭生活との両立が図られるようにするために事業主が講ずべき措置に関する指針」（平21.12.28　厚労告509、最終改正：令2.1.15　厚労告6）は、育児・介護休業取得者等への退職勧奨について、妊娠中の女性と同様の指摘をしています（同指針第2「11」(2)ニおよび第2「11」(3)ロ）。

　それ故、育児・介護休業中の者への退職勧奨は極力控えたほうがよいものと解され、「育児休業」や「介護休業」を取得したことを理由とする退職勧奨については、原則として違法と判断されることになるでしょう。

4 **障害者への退職勧奨**

　障害者雇用促進法35条は、事業主が障害者であることを理由とした差別的取り扱いをすることを禁止する旨を定めています。そして、同法36条に基づく「障害者に対する差別の禁止に関する規定に定める事項に関し、事業主が適切に対処するための指針」（平27.3.25　厚労告116）第3「10」(2)は、障害者に対する退職勧奨に関し、「イ　障害者であることを理由として、障害者を退職の勧奨の対象とすること。ロ　退職の

勧奨に当たって、障害者に対してのみ不利な条件を付すこと。ハ　障害者を優先して退職の勧奨の対象とすること。」を差別的取り扱いであるとしています。

それ故、障害者への退職勧奨は極力控えたほうがよいものと解され、障害者であることを理由とする退職勧奨については、原則として違法と判断されることになるでしょう。

合理的理由がある場合の退職勧奨

前記のとおり、妊娠したこと、育児・介護休業を取得したこと、障害者であることなどを理由とした退職勧奨には問題があります。

しかし、妊娠中の女性、育児・介護休業中の者、障害者に関し、前記とは別の理由がある場合には、原則に戻り、退職勧奨については、社会通念上相当と認められる範囲で行うことに問題はありません。

根本義尚　弁護士（根本法律事務所）

 多重債務者や自己破産者、逮捕や起訴された社員への退職勧奨の是非

A 退職勧奨を行うこと自体は問題ないが、懲戒解雇になるなどといった誤信をさせるような勧奨は控える必要がある

多重債務者・自己破産者

自己破産などによって、業務に必要な資格を喪失して労務の提供がで

きなくなってしまうような場合には、解雇理由となり得ます。しかし、それは例外的な取り扱いであって、一般的には、労働者が多額の債務を抱えていたり、自己破産開始決定を受けたりしても、それだけで解雇理由とはなりません。そのような中、多重債務者等に対しては、その債権者等から職場に支払いを督促する電話が入ったり、賃金の差し押さえがなされたりして、会社や同僚に迷惑を掛ける事態が生じることもあります。

　このような場合、会社としては、まず、当該労働者にすべての債務を確認すること、そして、親族等を含めて債務の整理を早急に行うことを指導する必要があります。その上で、その労働者が職場の業務遂行に支障を生じている場合には、当該労働者に対して退職を促すことも選択肢の一つとなります。実務においては、退職金を原資にして債務の返済に充てる対応を促すこともあります。

　もっとも、多重債務や自己破産は、解雇理由に該当しないため、当該労働者に懲戒解雇になると誤信させるような説明等は控えるべきです（錯誤を認め、退職の意思表示を無効と判断した裁判例として、富士ゼロックス事件〔東京地裁　平23.3.30判決〕などがあります）。

② 逮捕や起訴された社員

　私生活において刑事法令に抵触して逮捕や起訴された場合、当該行為は私生活上の出来事ですので、原則として、懲戒（解雇）の理由とはなりません。しかし、会社の信用毀損につながる場合には、私生活上の非行であったとしても、懲戒（解雇）の対象となり得ると解されています（関西電力事件　最高裁一小　昭58.9.8判決）。

　逮捕ないしは勾留の段階では、無罪推定の原則が働き、有罪が確定していないことから、この時点で懲戒解雇や懲戒処分を行うことは一般的ではなく、有罪が確定した後に、処分内容を決定することが多いです（ただし、本人が事実関係を認め、会社に顛末書を提出しているような場合

には有罪が確定する前に会社が処分をすることもあります）。しかし、一方において、会社としては、マスコミ報道等による信用問題に発展する前に、労働者の地位を解消しておきたいと考える傾向が強く、そのため、逮捕や起訴された労働者に対して退職勧奨が行われることは非常に多いです。

　ここで留意すべきは、事実関係を特定できておらず、さらに社内の処分も決定していない段階であることから、懲戒解雇や重い懲戒処分になることを前提とした退職勧奨は控えるべき点です（前記❶と同様、錯誤や強迫の問題を生じることになるため注意が必要です）。

根本義尚　弁護士（根本法律事務所）

合併前後に余剰人員の削減を目的として退職勧奨を行う場合の留意点

合併前に出身会社で希望退職募集による人員削減を行う対応が適切であり、仮に、個別に退職勧奨を行うにしても、上記の希望退職募集の面談の中で行うべきである

 合併は包括承継であること

　合併は、二つ以上の会社が契約を締結して会社の一部または全部が解散し、解散会社の権利義務の全部が存続会社または新設会社に包括承継される効果を持つもので、労働契約もすべて承継されることになります（会社法2条27号・28号）。そのため、会社の合併後には余剰人員が生じることが通常であり、合併の前後において、その余剰人員の削減をどのように行うかの検討もなされます。

② 人員削減は合併前が適切

合併後に新組織や新定員が確定することになるため、そのときに余剰人員を確定して人員削減を図ることが合理的だと考えられなくもないです。

しかし、合併後は、新組織として労使一致団結し、新たな会社のスタートを切るべきと考えるのが一般的だと解されます。また、合併後に人員削減を行う場合には、出身会社間での軋轢が生じることが予想され、新会社の船出の場面で大きな混乱を生じさせるとともに、後ろ向きの施策からのスタートとなり、労働者のモチベーションも下げることにつながりかねません。

そのため、合併に伴う人員削減については、合併前に出身会社において、それぞれ想定の新組織に合わせて人員削減策を講じ、合併の効力発生日を迎えるべきです。

③ 個別退職勧奨よりも希望退職で

Q40で述べたとおり、退職勧奨は、その手段・方法が社会通念上相当と認められる限り、適法となるため、合併を控えた余剰人員削減のための個別の退職勧奨も原則として問題ありません。

しかし、合併は会社都合の大きな組織変動であり、労働者もその将来に不安を感じ、今後の処遇等についても敏感になっているのが一般的です。そのような状況においては、割増退職金等の退職パッケージを用意し、合併後の新組織・新定員を示しつつ、希望退職を募る形での人員削減を行うことが適切です。

仮に、個別の退職勧奨を行うにしても、上記希望退職募集に関する面談の際に、今後のキャリアを含めた話し合いを行い、応募することを勧めるようにすべきです。

根本義尚　弁護士（根本法律事務所）

労働組合役員への退職勧奨に際して留意すべき事項

A 退職勧奨を実施した理由が、当該対象者が労働組合員であることとは無関係の理由であることを立証できるように準備することが重要である

1 不当労働行為（労組法7条1号）

　労組法7条1号は、「労働者が労働組合の組合員であること（中略）の故をもつて、その労働者を解雇し、その他これに対して不利益な取扱いをすること」を不当労働行為として禁止しています。

　この「不利益な取扱い」とは、社員たる地位の得喪、人事上の措置、経済的待遇および従業員の処遇全般に関して不利な取り扱いをすることをいうと解されています。

　退職勧奨とは、Q40で回答したとおり、使用者が雇用する労働者の自発的な退職意思の形成を働き掛けるための説得等の行為であって、それを受けるか否かが対象とされた労働者の自由意思に委ねられているものをいいますが（前掲下関商業高校事件　最高裁一小　昭55.7.10判決の控訴審等）、退職勧奨が、説得等の行為であって強制には当たらないものの、社員たる地位の喪失を直接働き掛ける行為であることからすれば、「不利益な取扱い」に当たると判断される可能性が高いです。

2 「故をもつて」の意義

　そこで、当該退職勧奨が、組合員である「故をもつて」といえるかが結論を分けることになります。通説は、「故をもつて」の意義として、「不

当労働行為の意思」を要件としたものと解しており、その内容として使用者が当該行為をするに当たり、①組合員であるという事実を認識した上で、②その事実の故に不利益な取り扱いをする意欲を持って、③その意欲を実現するという関係を要すると解するのが支配的です（菅野・前掲書1021ページ）。認識および意欲という要素は、使用者の内心に関わることですので、当該事案ごとの諸事情から間接的に認定していくことにならざるを得ません。

　例えば、使用者が常日頃から当該労働組合の存在や当該従業員の組合員としての活動を嫌悪していたなどといった事実があれば、不当労働行為の意思の存在が推認されやすくなります。

　これに対して、使用者側は、「組合員であるが故に退職勧奨をした」のではないこと、つまり、退職勧奨行為の必要性や対象者の人選の合理性、公平性など、退職勧奨が対象者の組合員という属性とは無関係に実施されたことを示す正当化理由を立証する必要があります。

　実務上しばしば問題となるのが、「理由の競合」、すなわち、組合員であるが故に排除したいという使用者の意欲と退職勧奨の正当化理由の両方が存在する場合ですが、このような場合においても前述の基準は維持されます。前例等に照らし、当該対象者が組合活動家ではなく、通常の労働者であれば当該不利益な取り扱いがなされなかったであろうと認められるかという視点（菅野・前掲書1021ページ）は有用です。

　なお、上記の議論は、対象者が組合役員である場合にも同様に当てはまる議論ですが、組合役員の場合は、一般組合員よりも組合活動への影響が大きいと思われますので、より十分な正当化理由が要求される可能性が高いです。

萩原大吾　弁護士（根本法律事務所）

組合員への退職勧奨に対して救済できなかった労働組合は、損害賠償責任を問われるか

A 労働組合は、組合員に対する支援に当たり、故意または過失があれば損害賠償責任を負い得る。ただし、救済失敗の結果責任を負うことはない

① 労働組合に法人格がある場合

　労働組合（以下、組合）自体が損害賠償責任を負うためには、組合が団体として権利能力を有することが必要となります。労組法11条は、組合の定義（同法2条）および規約の必要記載事項（同法5条2項）を満たした場合に、組合が登記をすることを認めており、登記をした場合に組合は法人格を取得します。

　組合が法人である場合、当該組合の法的性質は一般社団法人であると解されます。一般社団法人はその構成員となる際の加入契約に多様なものがありますので、組合への加入の意思表示から直ちに具体的な事案についての委任契約の成立を認めることは困難です。しかし、組合員が自らへの退職勧奨への対応について、組合に対して支援を求めた場合には、少なくとも支援を求めた行為により組合との間で委任契約（民法643条）が成立し得ると解されます（ただし、受任業務が非弁行為〈編注：弁護士でない者が報酬目的で法律業務等を取り扱うこと〉に該当する場合には委任契約は無効となります。組合の支援内容が非弁活動に該当しないことを前提に、組合員が獲得した解決金の10％の「カンパ」につき、組合の組合員に対する支払い請求を認めた裁判例として新世紀ユニオン事件〔大阪高裁　平23.2.25判決〕があります）。

　したがって、組合が組合員に対して退職勧奨への対応を支援する際、

組合の支援行為に善管注意義務違反が認められれば、損害賠償などの法的責任を肯定し得ると解されます。ただし、委任契約は組合員の救済という結果自体を約束するものではありませんので、組合は、組合員の労働条件、労働者たる地位を守るために通常期待される支援をすればよいと解されています。よって、組合は、具体的な状況に応じた適切な支援を行えば足り、支援が成功しなかったとしても結果責任まで負うものではありません。組合の規模等事案にもよりますが、実務上、組合が組合員に対する損害賠償責任を負うことは多くはないと思われます。

また、労組法12条の6は、組合代表者の職務上の行為について不法行為が成立する場合に組合自身の責任を認めています。組合に対して特に支援等を要求していない場合でも、違法な退職勧奨を助長するなど、組合代表者に故意または過失行為があった場合には、労働者は、組合に対して不法行為責任に基づく損害賠償請求をなし得ます。

② 組合に法人格がない場合

次に、組合が法人格を有していない場合においても、組合に代表者(労組法6条)および団体としての規約が存在し(同法5条2項)、規約上に民主的選挙の原則(同項5号)、総会の定め(同項6号)、財産の管理についての規定(同項7号)が存するなど、団体としての主要な点が確定している場合には、判例上認められている「権能なき社団」〈編注:社団としての実体を備えているが、法人格のない団体〉として、法人である場合に準じた扱いを受けると解されます。判例も、権能なき社団であることを前提として、組合員の持分分割請求権を否定しています(国労大分地本事件 最高裁一小 昭49.9.30判決)。そこで、この場合も、組合が法人格を有する場合と同様の議論が妥当します。

なお、使用者の退職勧奨が違法であるかは、組合の損害賠償責任と直接関係しません。適法な退職勧奨であったとしても、組合は委任契約に

第3章 退職勧奨

基づく支援義務を負うからです。

萩原大吾　弁護士（根本法律事務所）

第4章

競業避止・守秘義務

競業避止義務とは何か。また、競業避止義務契約が適法に成立するための要件とは何か

A 労働者が使用者と競業する事業を行うこと等を差し控える義務。同義務を負う根拠の有無や内容の合理性から有効性を判断する

1 競業避止義務とは

　競業避止義務とは、一般に、労働者あるいは退職者が、使用者と競業する事業を行うこと、あるいは、使用者と競業する事業者に雇い入れられることを差し控える義務をいいます。

　このような義務を労働者あるいは退職者に課す目的としては、①使用者のノウハウ等が競業他社に流出することを防ぐ（秘密保持義務を課すだけでは、当該秘密の競業他社での不正使用を十分に防ぐことができず、利用されてしまうとその損害の回復や立証も困難であるから、競業避止義務を課し、秘密保持に実効性を持たせる）、②退職者の競業により自社の顧客を奪われることを防ぐ――といったことが想定されます。

　競業避止義務違反が生じた場合の対応策としては、懲戒処分、損害賠償請求、退職金の不支給、あるいは、差止請求などが考えられますが、常にそのすべてが可能なわけではありません。

2 いかなる場合に労働者または退職者が競業避止義務を負うか

　労働者または退職者が、いかなる場合に競業避止義務を負うか、言い換えれば、競業避止義務契約が有効であるかという点につき、明確に規定した法令等は存在しませんが、裁判例においては、おおむね次のよう

な観点から判断がなされています。

1 競業避止義務を労働者が負う根拠があること

⑴在職者の場合

　在職者については、就業規則等で、競業が禁止（競業に限らず広く兼業が禁止されている場合もあります）されていれば、同就業規則上の規定が義務を課す根拠となります。しかし仮に規定がなくても、労働契約の付随的な義務として、労働者は競業避止義務を負うと考えられています。

⑵退職者の場合

　一方、退職者については、労働契約が終了しているため、上記の付随的な義務は考えられず、退職時の誓約書等、当該義務を課す明示の根拠があることが必要です。

　なお、元労働者の競業行為が、社会通念上自由競争の範囲を逸脱した違法な態様で元の雇用者の顧客を奪取したとみられるような場合には、明示の根拠がなくとも、その行為は元の雇用者に対する不法行為に当たるとして、損害賠償義務が肯定されることがあり得る旨判示した裁判例もありますが（三佳テック事件　最高裁一小　平22.3.25判決）、例外的な場合であると考えておくべきでしょう。

2 内容の合理性

　上記**1**⑵の退職者の場合、明示の根拠があっても、常に有効となるものではありません。退職後の競業禁止は、労働者の職業選択の自由（憲法22条）を制約し、また、生計の手段を制限して生活を困難にする恐れもあることから、当該内容が合理的な場合に限って有効（あるいは合理的な範囲に限定して有効）と解されています。この合理性の有無の判断に当たっては、①競業避止義務を課すことを必要とする使用者の正当な利益の有無、②①に対し競業避止義務を課している範囲が合理的か、具体的には、当該労働者の地位、地域的な限定、存続期間、禁止される競業の範囲、③代償措置の有無などの要素が総合的に判断されます（フォ

第4章

競業避止・守秘義務

セコ・ジャパン・リミティッド事件　奈良地裁　昭45.10.23判決等）［図表4-1]。

図表4-1●退職後の競業避止義務の合理性の判断要素

①競業避止義務を課すことを必要とする使用者の正当な利益の有無
②競業避止義務を課している範囲が合理的範囲にとどまっているか否か（在職中の労働者
　の地位、対象となる業務、地理的・時間的な範囲）
③代償措置の有無
──などを総合的に判断し、合理的な場合に有効と認められる

加藤純子　弁護士（渡邊岳法律事務所）

 退職後の競業避止義務について就業規則で定めることはできるか。個別の契約書の作成が必要か

 就業規則で定めることも可能と解されているが、個別に契約を取り交わすほうが競業避止義務の合理性が肯定されやすい

 退職者の競業避止義務と就業規則

　Q53で述べたとおり、退職者については、労働契約が終了しているため、原則として当該義務を課す明示の根拠が必要です。この点、就業規則上に退職後も競業避止義務を負う旨が定められていた場合、同就業規則上の定めに基づき、退職者に競業避止義務違反を問うことができるかが問題となりますが、裁判例では、就業規則上の定めであっても（個別の合意がなくても）、退職後の競業避止義務の根拠となり得ることを前提とし、その上で、その内容の合理性を検討する、という考え方をとっていると解されます（例えば、モリクロ［競業避止義務・仮処分］事件

大阪地裁　平21.10.23決定等）。

　しかし、就業規則は、同規則が適用される労働者に広く画一的に適用される内容を定めているものである一方、Q53のとおり、競業避止義務の有効性は、個別具体的な事情を考慮した合理性の有無により決せられることから、就業規則の抽象的な規定のみでは、合理性が肯定されないという懸念があります。また、就業規則を子細には読まず、労働者が具体的義務内容を認識していないということも起こり得ます。

　したがって、一般的に就業規則に定めておくとしても、少なくとも特に競業避止義務を課す必要が高い労働者については、個別に具体的な内容を定めた契約を取り交わし、合理性を担保するとともに、労働者自身にも十分にその義務を認識してもらうべきです。

② 個別契約の作成について

　契約は口頭でも成立しますが、口頭の合意のみでは合意内容が不明確となり、また争いとなった場合にその内容の立証が困難となりますから、競業避止義務に係る合意は書面で作成すべきです。同書面は、会社との合意書（双方が押印する）形式でも、労働者から差し入れさせる誓約書の形式でも差し支えありません。

　また、この合意をするタイミングとしては、入社時、あるいは退職時が考えられるところ、一般に入社時には、特定の業務に従事させるために採用した労働者でない限り、どういった業務に就き、また、どういった情報に接するかが明らかではなく、前記①の就業規則と同様、その内容が抽象的にならざるを得ない面があります。一方、退職時は、具体性のある合意が可能ですから、より合理性が肯定されやすい内容にし得るものの、退職後競業を行うことを企図している労働者が合意しない、あるいは、合意書に署名押印しても、労働者が拒絶し難い状況下で意に反してなされた任意性を欠くものであると判断されるリスクがあります

（第4章　競業避止・守秘義務）

141

図表4-2●退職する従業員に対する競業避止義務等への対応

①退職していく従業員に対する義務の取り決め（複数回答）

—（社）、%—

合計	退職後に義務を課すような取り決めはない	競業避止義務	秘密保持義務	名誉毀損避止義務	その他	何らかの義務の取り決めがある企業
(5,964)100.0	33.4	21.6	63.6	28.8	0.7	64.3

［注］ 「名誉毀損避止義務」は「退職後も貴社の名誉を傷つけるようなことは行わないこと」を指す。「何らかの義務の取り決めがある企業」は、「競業避止義務」「秘密保持義務」「名誉毀損避止義務」「その他」のいずれかを選択した企業。

②退職者に義務を課す取り決めの形式（複数回答）

—（社）、%—

区分	合計	就業規則	労働協約	労使協定	従業員の入社時に書面を交わす	その都度退職する従業員との間で書面を交わす	特に形式は定めておらず、慣行による	その他
競業避止義務	(1,291)100	**56.0**	2.9	1.2	20.8	29.9	12.2	1.4
秘密保持義務	(3,791)100	**56.3**	3.3	1.2	35.7	28.8	5.8	1.6
名誉毀損避止義務	(1,720)100	**52.7**	3.7	1.6	27.3	26.2	14.4	1.0

［注］ 「競業避止義務」「秘密保持義務」「名誉毀損避止義務」について、それぞれ取り決めがあると回答した企業を対象に集計。入社時・退職時の書面のやりとり状況については、競業避止義務の場合、「入社時・退職時両方」7.5％、「入社時のみ」13.3％、「退職時のみ」22.4％、「いずれもなし」55.2％。秘密保持義務の場合、順に、9.2％、26.5％、19.5％、43.6％。

資料出所：労働政策研究・研修機構「従業員の採用と退職に関する実態調査」（2012年10月調査）

（任意性に疑問があるとされた例として、ジャクパコーポレーションほか1社事件　大阪地裁　平12.9.22判決）。

　したがって、退職時に個別契約を作成することを基本としつつも、同個別契約に合意がなされなかったときに備え、併せて上記就業規則上の規定や入社時の合意もしておくことが望ましいといえます［図表4-2］。

加藤純子　弁護士（渡邊岳法律事務所）

競業避止義務の扱いは取締役と労働者で違いがあるか

A 在任中の競業避止義務を課す根拠に差異がある。退任・退職後は両者同様の観点から判断

1　取締役の競業避止義務：在任中

　取締役は、自己または第三者のために、会社の事業の部類に属する取引をしようとするときには、その取引について重要な事実を開示し、株主総会（取締役会設置会社の場合には、取締役会）の承認を得なければならないという義務を負っています（会社法356条1項・365条1項）。これは、取締役が会社の業務執行の意思決定に関与し、会社の営業上の秘密に通じており、これを利用し、競業行為を行うことによって、会社の取引を奪い、取締役の自己または第三者の利益を図るという事態を防ぐことを目的とすると解されています。社外取締役も同様に義務を負います。そして、（取締役会設置会社において）競業取引を行った取締役は遅滞なく重要な事実を取締役会に報告しなければなりません（同法365条2項）。

　取締役が承認を得ずに競業取引を行い、それにより会社が損害を被った場合、取締役は会社に対し損害賠償義務を負い、また損害の算定に当たっては、当該取引により取締役が得た金額が会社の損害であると推定されます（会社法423条1項・2項）。さらに、取締役の解任の理由ともなり得ます（同法339条）。

　なお、取締役が承認を得て取引を行ったとしても、会社に損害を与えた場合には、損害賠償責任を負うことがあります。

② 取締役の競業避止義務：退任後

　例外的に、取締役の行為の時期や態様に照らし、退任後も、信義則上、①の各義務を負うことがあるとする裁判例もありますが（例えば、辞任直前から、大口の取引先に対し会社との取引をやめるよう働き掛け、辞任直後から、労働者の引き抜き行為と、取引先に対する自らの営業活動を本格的に始めたという事案〔千葉地裁松戸支部　平20.7.16決定〕では、その行為のほとんどが退任後の行為であるとしつつも、義務違反があったとして、損害賠償責任が認められています）、原則として前記①の義務は取締役在任中に限られ、退任後は、職業選択の自由や営業の自由があることから、特段の合意がなければ、退任後は、自由に営業が可能であり、競業する取引を行うことも自由であるとされています。したがって、退任後の競業を禁止するためには、退任取締役との間でその旨の合意が必要です。

　その合意の有効性は、Q53で挙げた労働者の場合と同様の観点から判断がなされますが、その際、労働者に比べ重要な秘密に接している、高い報酬を得ていた等といった事情から、より広い範囲で有効性が肯定されることもあります。裁判例（東京地裁　平21.5.19判決）では、労働者に比べ対等な交渉力をもって合意をしていること、ノウハウを保護する必要性と顧客奪取を防止する必要性、在職中の報酬および退職慰労金の合計2億8000万円余りの金員を受領している以上、当該元取締役が直ちに生活に困る恐れは小さいといえることなどが評価され、元取締役との競業避止に係る契約は公序良俗に違反せず有効とされています。

加藤純子　弁護士（渡邊岳法律事務所）

どのような競業行為を禁止することができるか

A 他の要素と総合考慮となるが、できるだけ具体的に特定することが肝要

1 競業を禁止する範囲の特定の必要性

　Q53のとおり、禁止する競業の範囲が、競業避止義務を課す目的に対し合理的な範囲内となっているかという点は、競業避止の合意の有効性判断における一つの要素であり、他の要素と総合考慮されます。そのため、どのような競業行為の禁止が合理的と判断されるかは、結局のところ、その競業を禁止する目的や業界の状況等、個別の事情によらざるを得ません。一般には、当該労働者が従事していた業務にかかわらず、自社と競合する企業への転職を広範に禁止するようなものには合理性が認められず、その効力が否定されるか、あるいは限定的に解釈され、禁止される業務内容やその範囲が具体的に限定されているほうが、合理性が肯定される傾向にあります。

2 裁判例

　例えば、禁止する競業の範囲が広過ぎるとして、合理性を否定あるいは限定的に解釈した例として、生命保険会社でバンクアシュアランス業務に従事していた執行役員に対し、バンクアシュアランス業務を営む生命保険会社への転職を禁止したことについて、同人が会社で得ていたノウハウは、バンクアシュアランス業務の営業に関するものが主であり、

145

（同業務に限らず広く）生命保険会社への転職を禁止することは広範に過ぎるとした事案（アメリカン・ライフ・インシュアランス・カンパニー事件　東京地裁　平24.1.13判決）や、商品先物取引の売買・売買取引の受託業務等を行う業界で、退職後6カ月間同業他社への就職を禁止した条項につき、当該業界では、同業他社間で労働者が頻繁に移籍することは珍しくないから、移籍が直ちに同条項に反するとするのは相当でなく、競業行為をすることにより意図的に元の会社の業務を妨害するなど、同業他社への移籍が相当性を欠くなどの特段の事情がある場合など限定的に解釈する限度で、有効であるとされた事案（アイメックス事件　東京地裁　平17.9.27判決）があります。

　一方、自らが担当した営業地域・隣接地域にて、同業他社に就職等し、元の顧客に対し営業活動を行うことや代替することを禁じたもの（ダイオーズサービシーズ事件　東京地裁　平14.8.30判決）や、教育訓練を事業とする会社の営業担当・インストラクターであった労働者に係る、在職中に教育・コンサルティングを担当もしくは勧誘した相手に対し、当該会社と競合して教育・コンサルティングないしその勧誘をしない旨の競業避止の特約（東京地裁　平6.9.29判決）は、他の要素も踏まえ、その有効性が肯定されています。

③ 対応

　このように、競業避止の合意を行うに当たっては、当該退職者の従事していた業務や接していた情報などから判断し、その競業を禁止する範囲をできるだけ特定することが肝要です。

加藤純子　弁護士（渡邊岳法律事務所）

パートタイマー・アルバイト、派遣労働者に対し、競業避止義務規定を適用できるか

A パートタイマー・アルバイトに対しても適用可能。派遣先が派遣労働者に課すのは困難

 パートタイマー・アルバイト

パートタイマーやアルバイトも労働者であることには変わりません。したがって、Q53で述べたとおり、労働契約の付随的義務として競業避止義務を負いますし、就業規則において競業避止義務を課すことも可能です。また、退職後の競業避止義務について合意をすることもできます。

ただし、退職後に係る競業避止の合意の有効性の判断に当たっては、Q53のとおり、対象となる労働者の地位が一つの要素として検討されます。

一般には、①機密の漏洩防止の観点からは、より機密性の高い情報に接する機会の多い管理職等高い地位にある者が、②顧客の奪取を防ぐ目的からは、顧客と直接接し、営業活動の業務に従事していた者等が対象となることについて、合理性が肯定され、③機密情報等に触れる機会が少ないこと等が想定されるパートタイマーやアルバイトであることは、合理性を否定する要素となり得ます。

しかし、高い地位にあることによって、常に有効性が肯定されるものではないですし（アメリカン・ライフ・インシュアランス・カンパニー事件〔東京地裁　平24.1.13判決〕では、金融法人本部長であり執行役員という高い地位にあったものの、実際に接していた情報の機密性の低

さから、否定的に判断されています）、目的に対し合理性が肯定されれば、パートタイマー等に課した退職後の競業避止義務も有効となり得ます。

　例えば、ボイストレーニングを行う教室を開催している会社の講師であった週1回の時給制アルバイト従業員が、退職後教室を開校し、同様の事業を始めた事案において、競業避止義務を課した目的は、独自かつ有用性が高いボイストレーニングに係るノウハウ等の秘密情報を守るためのものであるところ、当該労働者はこのノウハウを伝授されていたのであって、同人がアルバイト従業員であったことは、競業避止合意の有効性には影響しない旨判示され、退職後3年間、競合関係に立つ事業を自ら開業または設立しないことを誓約した競業避止の合意を有効として、宣伝・勧誘等の営業活動の差し止めが認められています（パワフルヴォイス事件　東京地裁　平22.10.27判決）。

② 派遣労働者

　派遣労働者と派遣元間の競業避止義務は、使用者と労働者の関係ですから、Q53で述べたところと同様に考え得ます（派遣会社から競業する他の派遣会社に転職した労働者が、転職前後で同じ派遣先に派遣されていた事案において、競業避止規定の要件が抽象的である、勤続期間1年に対する3年の競業避止期間が非常に長い等の点から、競業避止規定に合理性があると認められないとした例として、東京地裁　平27.10.30判決があります）。

　問題となるのは、派遣先が自らの会社に派遣されている派遣労働者に対し、直接競業避止義務を課すことができるかという点です。派遣労働者と派遣先の間には雇用契約関係がなく、派遣労働者は派遣先に対し労働契約上の付随義務として競業避止義務を負わず、派遣先の就業規則も及びませんから、派遣就労中か否かを問わず、派遣労働者と派遣先との間で、合意が不可欠ということになります。しかし、例えば、仮に派遣

終了後の競業他社における派遣就労を禁じる合意をしたとしても、派遣労働者は派遣元から命じられれば競業他社での就業を余儀なくされるのであって、そのような合意が有効と判断される可能性は極めて低いと考えられます。

加藤純子　弁護士（渡邊岳法律事務所）

 競業の地域的限定を「全国」としてもよいか

 他の要素を踏まえ「全国」とする必要性があれば有効な場合がある

 地理的な制限の必要性

　Q53のとおり、競業避止の合意の有効性の判断に当たっては、競業避止義務を課すことを必要とする使用者の利益（目的）に対し、課された競業避止義務の内容が合理的であるかが検討されることとなり、その一つの要素として、地域的限定の有無およびその範囲が挙げられます。

　当然のことながら、地域的限定が「全国」である（あるいは地理的な制限について定めがない）場合のほうが、労働者にとって職業選択の自由や営業の自由が大きく制約されることとなり、合理性が否定されるか、あるいは限定的に解釈がなされる可能性が高くなりますから、競業避止義務を課す目的に照らし、「全国」とする必要性の有無につき、十分に吟味する必要があるでしょう。

② 「全国」とすることの可否

　もっとも、地理的な制限がないことにより、常に競業避止義務の合意の有効性が否定されるわけではありません。

　全国展開している保険会社の執行役員に対し退職後の競業他社への就職等を禁止した事案においては、地理的限定はなかったものの、この点については、全国展開をしていることからやむを得ないとされ（なお、転職先も全国展開をしている保険会社であったアフラック事件〔東京地裁　平22.9.30決定〕）、同じく、ヤマダ電機（競業避止条項違反）事件（東京地裁　平19.4.24判決）では、退職後1年間は同業種（同業者）、競合する個人・企業・団体への転職はしない旨の誓約において、全国的に家電量販店チェーンを展開する会社であることから、地理的制限がないことにつき、禁止範囲が過度に広範であるということもないと判断されています。

　このように、全国に展開している事業を営んでいる企業において、当該労働者につき競業を禁止したい趣旨に照らし必要性が認められる場合等（例えば、当該労働者が当該事業において汎用性のあるノウハウを有しており、当該ノウハウを競業他社で利用されれば、全国いずれにおいても顧客奪取の恐れがあるなど）には、「全国」とすることが肯定され得ることもあるでしょう。

　なお、逆に、地域を限定しても、有効性が否定あるいは限定されることもあります。

　例えば、介護サービス会社の労働者に対する退職後当該会社の事業所から半径10km以内に同類業種の独立開業はしないとの競業避止義務の合意について、当該地理的範囲が広範に過ぎる、元の会社が所在する区内には介護サービス業の事業所が47カ所もあり、特定の地域に相当数の事業所があっても、介護サービス事業の競争を妨げない等として、当該合意は、営業の方法が不正に元の会社の顧客を奪うあるいは労働者を

引き抜く等といった著しく違法な行為以外に対しては、公序良俗に反し、無効とされています（すずらん介護サービス［森田ケアーズ］事件　東京地裁　平18.9.4判決）。

加藤純子　弁護士（渡邊岳法律事務所）

 退職後の競業他社への転職禁止は何年くらいまでなら許されるか

A 事案にもよるが、まずは半年から1年程度を目処（めど）として検討する

 1　年数と合意の有効性

　Q53のとおり、競業避止の合意の有効性の判断に当たっては、競業避止義務を課すことを必要とする使用者の利益（目的）に対し、競業避止義務の内容の合理性が検討されることとなり、その一つの要素として、競業避止義務が課される期間が検討の対象となります。

　そして、どれほどの期間が許されるかは、使用者の利益・目的や、労働者がどういった情報に接していたかなどといった諸事情を踏まえて判断されますから、画一的には定まらず、同じ期間であっても、事案によって判断が分かれ得ることとなります。

　例えば、同じ1年であっても、ヤマダ電機（競業避止条項違反）事件（東京地裁　平19.4.24判決）では、店長を歴任し、営業会議に出席して営業方針や経営戦略等を知り得た社員が、退職後直ちに直接の競争相手である家電量販店チェーンに転職した場合は、転職先会社は当該労働者の

知識経験を活用し利益を得られる反面、元の会社は相対的に不利益を受けることが容易に予想され、これを防ぐことを目的として競業避止義務を課していることを前提とすれば、1年という期間は不相当に長くはないとされました。また、モリクロ（競業避止義務・仮処分）事件（大阪地裁　平21.10.23決定）でも、会社の技術やノウハウの中には、同社をめっき加工や金属表面加工の市場において独自の市場を有する独自の存在たらしめ、その営業を成立させているものがあり、これを保護する正当な利益があるとした上で、1年を一応合理的な範囲としています。しかし、新日本科学事件（大阪地裁　平15.1.22判決）は、薬品の治験に携わってきた労働者に課された1年の競業他社への転職禁止につき、当該労働者が会社で得た知識に独自のノウハウといえるものはなかったこと、当該労働者が職業生活の半分以上を新薬開発業務に従事し、治験を行ってきたことに照らすと、同人の再就職を著しく妨げるもので、同人が受ける利益よりも不利益が極めて大きいなどとして、その制限は必要かつ合理的な範囲を超えて無効としています。

　また、2年についても、ダイオーズサービシーズ事件（東京地裁　平14.8.30判決）では、「2年間という比較的短い期間」と評されている一方で、アメリカン・ライフ・インシュアランス・カンパニー事件（東京地裁　平24.1.13判決）では、保険商品は、新しい商品が次々と設計され販売されているから、保険業界において転職禁止期間を2年間とすることは、経験の価値を陳腐化するため、相当とは言い難いと判断されています。

② 対応

　このように、事情により判断は分かれるため、一概に決めるのは極めて困難ですが、まずは半年から1年程度を目処としておき、特に2年を超えるような義務を課す場合には、その義務を課す理由をより具体的に

説明し得るか十分に検討をする必要があるでしょう。

加藤純子　弁護士（渡邊岳法律事務所）

競業避止義務規定を定める場合、労働者への代償措置は必要か

有効性を肯定されやすくする要素となる。在職中の賃金額等も考慮されることがある

1　代償措置の有無と競業避止義務の有効性

　転職する際、転職先として前職での経験等を生かせる同業他社を選ぶケースも多いと思われますが、退職者に競業避止義務を課すことは、こうした生計の手段への制約になります。そのため、競業避止の合意の有効性の判断に当たっては、代償措置の有無やその内容が考慮要素となり、また比較的重視されます。代償措置がないことを、競業避止義務の有効性を否定する要素として挙げる裁判例は複数ありますし（例として、東京貨物社［退職金］事件　東京地裁　平12.12.18判決）、新日本科学事件（大阪地裁　平15.1.22判決）においては、毎月4000円の秘密保持手当が支給されていたものの、有効性が否定されています。ただし、他の要素と同様、総合的に考慮されることから、この代償措置の有無だけで有効性の有無が決まるわけではありません。ヤマダ電機（競業避止条項違反）事件（東京地裁　平19.4.24判決）においては、代償措置が不十分であったとしても、それだけで競業避止義務の有効性が否定されるものではない旨の判示がなされています。

結局のところ、代償措置の存在は有効性を肯定されやすくする要素ではあるものの、その競業避止義務の内容、すなわち、労働者が生計を維持する手段を制約される程度に見合うだけのものが提供されているかが重視され、制約される範囲や期間が長ければ、代償措置もより手厚いものが求められます。

② 代償措置としていかなるものが評価されるか

　競業避止義務を課すことに対する直接の対価として一定額が支払われるという場合に限らず、裁判例においては、特に高額の支払いがなされていた場合、在職中の報酬額や退職金の金額なども代償措置として評価の対象とする例も見られます。

　例えば、アフラック事件（東京地裁　平22.9.30決定）では、執行役員として5年の間毎年2000万〜5000万円程度の報酬を得、3000万円を超える退職金の支給が予定されていたことから、このような厚遇は、そのすべてを純粋に執行役員としての労働の対価であるとみることはできず、本件競業避止条項に対する代償としての性格もあったと一応認められる旨評価されています（なお、モリクロ［競業避止義務・仮処分］事件〔大阪地裁　平21.10.23決定〕では、600万円を超える賃金や退職金の支払いをもって、相応の措置が取られていたと評価されているものの、この水準が常に有効であるかは疑問です）。

　また、金銭以外のものについても、代償措置として評価されることがあります。

　例えば、フランチャイズ加盟店への技術指導等を担当していた労働者に対し、同じ商品を取り扱う事業を自ら開業・設立しない旨の競業避止義務が課された事案について、独立支援としては元の使用者のフランチャイジーになる道があり、その際の待遇は相談に応じかなり好条件とする趣旨を申し出たことにつき、代償措置として不十分とはいえないと

評価しています（トータルサービス事件　東京地裁　平20.11.18判決）。

加藤純子　弁護士（渡邊岳法律事務所）

 労働者が競業避止義務に違反した場合、退職金の減額や返還請求は可能か

 減額や返還請求の根拠規定があり、顕著な背信性がある場合に限り可能

1 退職金の不支給等の可否

競業避止義務違反に基づく損害賠償請求は、現実には費用や手間もかかり、損害の立証も容易ではありません。そこで、競業避止義務の実効性を担保する一手法として、競業行為が判明した場合には退職金を支給しない（もしくは減額）、支給後に発覚した場合には返還を請求することができる旨を定めていることがあります。

しかし、このような定めがあっても、退職金は、一般には賃金の後払いの性格と功労報償的性格を有すると解されているので、この賃金の後払いという性格からすれば、競業行為により直ちに退職金が全額不支給という帰結にはならず、競業避止義務を定めた規定の必要性、退職の経緯・目的、会社の被った損害など諸般の事情を総合的に考慮し、労働の対償である退職金を失わせることを相当とする顕著な背信性が認められる場合に限って不支給とすることができると解されています（中部日本広告社事件　名古屋高裁　平2.8.31判決等）。

また、一部に限り不支給が認められるケースもあります。例えば、懲

戒解雇事由に該当する事実が判明した場合には、退職金を不支給とする旨の定めがある会社において、在職中に競業会社を設立して同社の業務に従事した上、当該設立した会社を経由して使用者が受注する商流にするなどして、使用者の犠牲の下、利益を得た事案につき、大きな背信性は認められるが、長年の功労（21年5カ月の就労や実績）を否定し尽くすだけのものまでとはいえないとして、5割5分の退職金の支払いが命じられています（東京貨物社［解雇・退職金］事件　東京地裁　平15.5.6判決）。

　したがって、規定に基づき退職金を不支給としても、後から請求がなされ、一定額の支払いが命じられるリスクがあることは認識しておく必要があります。

② 根拠規定の必要性

　退職金の不支給等の根拠規定がない場合でも、それまでの勤続の功を抹消または減殺する程度にまで著しく信義に反する行為があったと認められるときは、退職金請求の全部または一部が権利の濫用に当たるとして、労働者に対する退職金を不支給または減額できるとした裁判例もあるものの（ピアス事件〔大阪地裁　平21.3.30判決〕は、在職中に競業会社を設立・取締役に就任して開業準備を行い、また元の使用者の下で習得した技術を在職中および退職後に当該会社に提供した事案であり、退職金の請求が権利の濫用であり、認められないとされました）、原則として根拠規定が必要であると考えておくべきです。

　なお、同条項の追加は、就業規則の不利益変更に当たるものの、部課長らが退職後1年以内に承諾なく競業を行った場合の退職金の支給制限の追加を有効とした裁判例があります（東京ゼネラル事件　東京地裁　平12.1.21判決）。

③ 退職金返還合意の有効性

　会社のいわゆる早期退職制度に応募し、通常の退職金のほか早期退職に伴う退職加算金を受領するというようなケースにおいて、「同業他社に転職をした場合には退職加算金を返還する」という合意をした場合、この合意に基づく返還請求は有効かということが問題となることがあります。

　この点、野村證券元従業員事件（東京地裁　平28.3.31判決）では、このような返還合意は、従業員に同業他社に転職しない旨の義務を負わせるものではなく、同業他社に転職した場合の返還義務を定めるにとどまり、ひとまず受け取っておいた上で、同業他社に就職機会が生じたときに、退職加算金を返還するか否かを考えることで何ら問題がない旨を判示し、Q53で述べたような、内容の合理性を検討することなく、そのような返還合意に基づく返還請求は有効である旨を判断しています。

　しかし、本件は、競業避止を誓約することにより、通常よりも有利に加算金を得られ、しかもその加算金を得て退職するかどうか（早期退職に応募するのか、同加算金を得ないで通常に退職するのか、もしくは会社に残るのか）は労働者の自由意思に委ねられており、かつ、退職時点の年収が1500万円程度、また、通常受領可能な退職金も4487万円ほどあった上、加算された退職金も1000万円と高額である事案であり、常に内容の合理性を検討することなく有効性が肯定されるとは限らないことに注意が必要です。

加藤純子　弁護士（渡邊岳法律事務所）

第4章　競業避止・守秘義務

労働者が競業避止義務に違反した場合、損害賠償請求や差止請求ができるか

A 可能だが、損害の立証など必ずしも容易でない点がある

損害賠償請求

労働者あるいは退職者の競業避止義務の存在が肯定され、その違反があった場合、会社は当該労働者に対し債務不履行（民法415条）または不法行為（同法709条）に基づく損害賠償請求が可能です。

しかし、ここで問題となるのは、「損害」の立証です。

すなわち、損害賠償請求が認められるためには、当該労働者等の競業行為と元の会社が受けた損害との間に相当因果関係が必要ですが、例えば、元の会社の売上減が発生したとしても、それが競業に起因するのかそれ以外の要因によるものかが判然とせず、結果として損害賠償請求が認容されないというリスクがあります。

例えば、建物管理業務の競業に係るカナッツコミュニティほか事件（東京地裁　平23.6.15判決）では、労働者の競業行為により管理契約が解約された物件に係る2年分の粗利の請求に対し、裁判所は建物管理契約が解約自由であることや、解約は元の会社への不満なども影響していることなどを認定して、そのうち1割のみ損害として認めています。

2 差止請求

競業避止義務違反の競業行為自体をやめさせる差止請求については、

営業の自由等に対する直接の制限となることから、いかなる場合においても認められるわけではありません。

　例えば、司法試験予備校の講師と役員が別の会社を立ち上げ、司法試験受験指導を行った事案において、役員のみに競業避止義務の存在を認めた東京リーガルマインド事件（東京地裁　平7.10.16決定）では、差し止めは当該競業行為により使用者が営業上の利益を現に侵害され、または侵害される具体的な恐れがある場合に限り許されるとした上で、当該講師名で司法試験受験指導が行われていたものの、当該役員が元の会社の情報を利用していることは明らかでないなどということから、当該役員が代表取締役であることを差し止めても損害の発生は回避できないとし、差止請求が否定されています。

③ 不正競争防止法に基づく損害賠償請求・差止請求

　退職者が不正競争防止法2条6項において定義される「営業秘密」を、不正の利益を得る目的ないし元の使用者に損害を与える目的で使用または開示していた場合、同法に定める「不正競争」に当たることになり、同法によって、当該営業秘密の使用や開示の差止請求や損害賠償請求等が可能です。この場合のメリットとしては、同法が損害額の推定規定を有しており、損害の立証が容易であることなどがあります。ただし、「営業秘密」として取り扱われるためには、①秘密管理性、②有用性、③非公知性といった要件を満たす必要があり、単に秘密情報というだけでは対象とならないことがあります［図表4-3］。また、差し止めの対象となるのも営業秘密の使用や開示の差し止めであり、競業行為自体の差し止めではないことに留意が必要です。

図表4-3 ●不正競争防止法の保護を受ける営業秘密

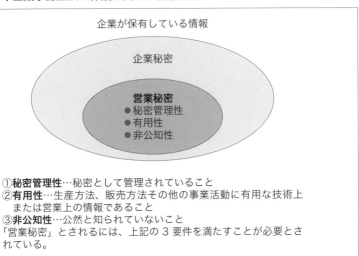

①**秘密管理性**…秘密として管理されていること
②**有用性**…生産方法、販売方法その他の事業活動に有用な技術上
　または営業上の情報であること
③**非公知性**…公然と知られていないこと
「営業秘密」とされるには、上記の 3 要件を満たすことが必要とされている。

加藤純子　弁護士（渡邊岳法律事務所）

 引き抜き行為はいかなる場合に違法となるか

 社会的相当性を逸脱した方法で引き抜き行為が行われた場合には違法となる

 いかなる引き抜き行為が違法となるか

　競業避止義務と近接する問題として、引き抜き行為があります。すなわち、退職した労働者が、新たに会社を設立し、あるいは他社に転職して競業行為をする際に、元の同僚を勧誘し、他の会社に移籍させる、と

いった引き抜き行為が退職者による競業行為と併せて問題となることがあります。

　他の会社に転職した者が、元の同僚を自らの転職先等に勧誘し、当該同僚がその勧誘に応じて転職するということは起こり得ます。こういった勧誘は、それが単なる転職の勧誘の範囲内にある限りは特段制限されるものではありませんが、社会的相当性を逸脱した方法で引き抜いた場合には、当該退職者は、雇用契約上の誠実義務に反するとして、債務不履行または不法行為責任を負うこととなります。なお、同様の方法で企業が競業他社の労働者を引き抜いた場合については、元の使用者の雇用契約上の債権を侵害したものとして、当該企業は不法行為責任を負います。

② 社会的相当性を逸脱した方法か否か

　例えば、英語教材の販売等を行っていた会社の取締役営業本部長が、競業他社と通じて、同人の部下を組織として引き抜くことを企て、役職者にその計画を話して勧誘し、さらに、他の部下らを慰安旅行と称して連れ出して移籍を勧誘・説得し（当該競業他社が費用負担し、また、競業他社の者が勧誘の場にて説明等も行っていた）、翌日からあらかじめ準備していた事業所にて営業を開始させ、その後元の会社に退職届が郵送されたというラクソン事件（東京地裁　平3.2.25判決）では、社会的相当性を逸脱した勧誘であるとして、取締役営業本部長と当該競業他社に損害賠償責任が認められました。

　また（在職中の引き抜き行為について懲戒解雇が争われた事例ですが）、A店の店長と営業職6名中3名、B店の営業職6名のうち3名、その他の従業員に、労働条件の上乗せや一部の者には300万円の支度金の提示等をして転職の勧誘を繰り返した、という事案において、仮にそれらの者が転職に至れば、会社に与える影響は大きかったとして、その他

複数の従業員に声を掛けていたことや転職後の会社の店舗を在職中の会社の店舗の近くに探していたこと（営業職が引き抜かれたとすれば同店舗で勤務することが想定されていた）等の点も加味し、社会的相当性を逸脱した勧誘であるとして懲戒解雇が有効とされています（福屋不動産販売事件　大阪地裁　令2.8.6判決）。

　社会的相当性を逸脱した勧誘か否かは、地位、人数、及ぼす影響、勧誘に用いた方法等、諸事情を踏まえて判断されますが、秘密裏に計画し一斉かつ大量に行われた場合や、元の会社に係る虚偽の情報を流布して転職の決意をさせた場合などが該当すると考えられます。

③ 引き抜き行為に対する対処

　引き抜き行為が違法である場合、前述のとおり、同行為をした労働者や企業に対し、損害賠償を請求することができます。ただし、同行為と元の会社が受けた損害との間に因果関係が認められる必要があるため、損害の立証が問題となります（例えば、前掲ラクソン事件では、引き抜かれた組織が会社全体の売り上げの80％を占めていたことから、将来にわたる一定期間の利益の80％を請求しましたが、裁判所は、労働者には、半月程度の予告で退職する自由があり、その場合には、使用者は適宜の方法で労働者を補充する等努めるものである等として、引き抜き直後1カ月に得られたであろう粗利益と現実の利益の差から、さらに、取締役営業本部長個人の寄与分を差し引いた分のみを損害として認めています）。

　一方、労働者には退職の自由があることから、勧誘に応じ退職の意を固めた労働者を強制的にとどまらせる方法はなく、思いとどまるよう慰留する以外に手はありません。

加藤純子　弁護士（渡邊岳法律事務所）

中途採用に当たり、競業避止義務との関係で注意すべき点は何か。前使用者と競業避止義務契約を交わしていることを知りながら中途採用した者について、競業に当たる働きを促した場合、前使用者から損害賠償を請求されることはあるか

競業避止義務に係る誓約書を取得するなどの対処が必要。また損害賠償請求はあり得る

1 中途採用者の採用と前使用者からの損害賠償請求等

　中途採用者の採用に当たっては、前職での経験等が考慮され、結果、前使用者が競業他社であるという場合も少なくありませんが、同人が、前の使用者との間で競業避止義務や守秘義務を負っていることがあります。それにもかかわらず、当該中途採用者が、前使用者と競業する業務に従事したり、あるいは、守秘義務を負っている情報を利用して営業活動を行ったりした場合には、当該中途採用者に対してのみでなく、新たな使用者に対しても、前使用者から、損害賠償請求や差止請求がなされることがあります。

　すなわち、中途採用者が持ち込んだ情報を、前使用者の不正競争防止法に定める営業秘密であると知りながら、あるいは、重大な過失により知らずに使用した場合には、同法に基づいて、前使用者から損害賠償請求や当該営業秘密の使用の差止請求がなされることがあり得ます。

　また、中途採用者に競業避止義務があることを知りながら競業をさせた場合や、不正競争防止法に基づく営業秘密に当たらなくても、守秘義務に違反して持ち込んだ情報を利用した結果、前使用者に損害を与えた

場合は、新たな使用者自身が前使用者に対し不法行為（民法709条）に基づく損害賠償責任を負うことも想定されます。さらに、それら中途採用者の競業避止義務違反あるいは守秘義務違反の行為は新たな使用者の業務の執行に関して行われることから、中途採用者の前使用者に対する不法行為が成立すれば、過失の有無を問わず、使用者責任（同法715条）に基づく損害賠償責任を負うこともあり得ます（カナッツコミュニティほか事件　東京地裁　平23.6.15判決等）。

② トラブル回避の対策

　このようなトラブルを避けるため、まず採用予定者、特に前職で高い地位にあった者や、開発や営業の中心的人物であった者に対しては、採用時の面談等において、退職後の競業避止義務や守秘義務の有無・その内容を十分に確認し、想定していた業務に従事させることの可否を検討した上で採否を決める必要があります。

　また、雇い入れに当たっては、新たな使用者での就労に支障がある競業避止義務を負っていないこと、他社に対し守秘義務を負っている情報を新たな使用者に対して開示したり、業務遂行に使用したりしないことなどを誓約する書面を提出させることも必要です。

　さらに、採用後の日々の労務管理において、例えば前職での技術情報に基づく開発を行っていないか等といった点をチェックする必要があります。

　これらの対処は、現実にトラブル回避の手段となるとともに、前記損害賠償請求等がされた場合に、会社に過失がないことを主張・立証するための材料となり得ます。

　なお、平成28年2月に経済産業省が発表した「秘密情報の保護ハンドブック」において、他社の秘密情報の意図しない侵害の防止策として、前記の点を含め、転職者受け入れ時の対応がまとめられており、一つの

参考になります。

加藤純子　弁護士（渡邊岳法律事務所）

 出向先に競業避止義務の規定がなくても、出向元にあれば出向先で就業する労働者に対し競業避止義務を適用できるか

A 就業規則を根拠とする場合は可能と解される可能性がある。合意の場合は内容による

 出向の法的性格

　出向とは、一般に、企業間の出向契約に基づき、労働者が元の企業（出向元）での雇用契約上の地位を維持しながら、他社（出向先）の指揮命令に基づき就労する形態をいいます。

　このような出向については、例えば行政当局が、当該出向者との雇用契約が出向元および出向先との双方の間に存在している点で、労働者派遣と区別されるといった立場を明らかにしているように（厚生労働省「労働者派遣事業関係業務取扱要領」参照）、出向先と出向者との間にも雇用契約が存在する、いわゆる「二重の雇用関係」であると解されています。したがって、解雇や退職などといった身分上の事項については、出向元の就業規則が適用されますが、職場における服務規律などについては、出向先の就業規則も適用されると考えられています。

② 就業規則を根拠とする場合

　労働者が出向先の業務と競業する事業を行ったが、出向元の就業規則においては競業避止義務が課されているものの、出向先の就業規則にはその旨の定めがない場合、出向先が当該労働者に対し、競業避止義務に違反したとして、その責任を問うことができるかが問題となります。

　この点、出向先と競業する同業他社の取締役に就任し、当該他社の営業に関与した元労働者に対する損害賠償請求等が争われた裁判例（カナッツコミュニティほか事件　東京地裁　平23.6.15判決）では、出向元の就業規則に定められた競業避止義務を出向先との間でも負うか否かとの点について、出向元から出向先に出向していたこと、出向元の就業規則に定められた競業避止義務は、当該規定が仮になくとも労働契約上の付随義務として負担すべき内容の義務を定めたものと解される規定内容であることに鑑みると、競業避止義務を出向先との関係においても負担していたというべきであるとして、肯定されています。

　もっとも、前述のとおり、出向の場合には、解雇等の身分に関わる事項は、出向元で行うこととなりますし、一般に退職金を支払うのは出向元ですから、在職中の競業避止義務違反の効果として、懲戒解雇等身分に関わる処分を検討する際や、退職金不支給を行う際には、出向元が出向元の規定に照らし、判断することとなるでしょう。

③ 競業避止義務契約の場合

　一方、特に退職後につき、出向元との間の競業避止義務契約を根拠とする場合には、当然に出向先との競業を禁止するとは限らず、同契約に定められている内容等によると解されます。

加藤純子　弁護士（渡邊岳法律事務所）

従業員が秘密保持義務に違反すると、人事管理、民事、刑事でどのようなことが問題となるか

A 懲戒処分を受けるほか、民事上の損害賠償責任および刑事責任を問われることがある

 人事管理上の処分

　多くの企業では、就業規則において秘密保持義務を定めています。これに違反した場合、就業規則に従って懲戒処分を行うことができ、事案の内容次第では懲戒解雇も可能です。

　実例では、会社から顧客名簿を盗んで名簿業者に売却したような場合、懲戒解雇にした事例が多く見られます。

　これに対し、自らの受けた嫌がらせに対する救済のための社内手続きにつき、各種書類を担当弁護士に開示した事例（メリルリンチ・インベストメント・マネージャーズ事件　東京地裁　平15.9.17判決）や、不正融資に関する会社の疑惑を解明するために機密を漏洩した事例（宮崎信用金庫事件　福岡高裁宮崎支部　平14.7.2判決）では、懲戒解雇は無効であると判断されています。

　以上から一般に、従業員が正当な理由がないのに、自らの利益を図る目的等で重要な企業秘密を漏洩し、会社に損害を生じさせたり、またはその恐れがあったりする場合には、懲戒解雇が可能であると考えることが相当でしょう。

　なお、裁判例上、就業規則において秘密保持に関する条項がないとしても、労働者には、労働契約上の付随的義務として、秘密保持義務があるとされていますが（次ページの古河鉱業事件判決参照）、実務的には、

秘密保持に対する会社としての姿勢を明らかにし、従業員に十分な注意を促す意味からも、就業規則に明示的な規定を置くべきと考えられます。

■古河鉱業事件（東京高裁　昭55.2.18判決）

　労働者は労働契約にもとづく附随的義務として、信義則上、使用者の利益をことさらに害するような行為を避けるべき責務を負うが、その一つとして使用者の業務上の秘密を洩らさないとの義務を負うものと解せられる。信義則の支配、従つてこの義務は労働者すべてに共通である。もとより使用者の業務上の秘密といつても、その秘密にかかわり合う程度は労働者各人の職務内容により異るが、管理職でないからといつてこの義務を免れることはなく、又自己の担当する職務外の事項であつても、これを秘密と知りながら洩らすことも許されない。

---

② 民事上の責任追及

　また、会社は、当該従業員に対し、民事上の損害賠償請求をすることもできます。実務的にも、故意による重大な情報漏洩事案において、（元）従業員に対して損害の賠償を請求することは行われています。

③ 刑事上の責任追及

　さらに、故意により情報漏洩をした場合には、刑事責任を問われることもあります。不正競争防止法が定める営業秘密を漏洩等した場合には、同法違反となるからです。また、個人情報保護法においては、従業員等が個人情報の含まれているデータ等を盗用等した場合には、1年以下の懲役または50万円以下の罰金という罰則が定められ（同法84条）、法人等には1億円以下の罰金が定められています（同法87条）。

影島広泰　弁護士（牛島総合法律事務所）

不正競争防止法で「営業秘密」として保護を受ける要件とは何か

A 「秘密管理性」「有用性」「非公知性」の三つをすべて満たすことである

「営業秘密」はどのように保護されるか

　企業の「営業秘密」は、不正競争防止法によって保護されています。「営業秘密」を、不正の手段によって取得し、それを使用し、または第三者に開示する行為［図表4-4］や、従業員等が会社から正当に開示された「営業秘密」を、不正の利益を図る目的等で使用し、または第三者に開示する行為［図表4-5］などは、「不正競争」とされ、損害賠償請求や差止請求の対象となります。

図表4-4●不正競争の例①（不正競争防止法2条1項4号）

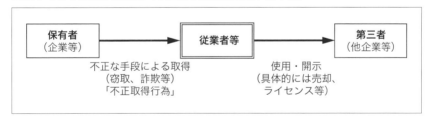

図表4-5●不正競争の例②（不正競争防止法2条1項7号）

2 「営業秘密」の３要件 ［図表4-6］

　このように保護の対象となる「営業秘密」とは、「①秘密として管理されている生産方法、販売方法その他の②事業活動に有用な技術上又は営業上の情報であって、③公然と知られていないもの」（丸囲み数字と下線は筆者が付したもの）であると定義されています（不正競争防止法２条６項）。つまり、①秘密として管理されているものであること（秘密管理性）、②事業活動に有用な情報であること（有用性）、③公然と知られていないもの（非公知性）の三つの要件をすべて満たすものが、営業秘密として不正競争防止法における保護の対象となります。

　なお、不正競争防止法上の営業秘密に該当しない情報であっても、民法上の一般不法行為や債務不履行に基づく損害賠償請求は可能ですが、保護の程度は低くなると考えられますから、秘密として保護したい情報は「営業秘密」の３要件を満たすよう管理することが重要です。

図表4-6●「営業秘密」の３要件

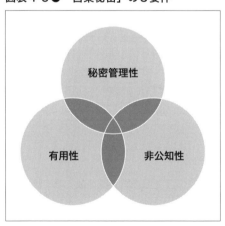

影島広泰　弁護士（牛島総合法律事務所）

退職後の秘密保持義務の期間設定や内容は
どうすべきか。違反していることを知った
場合、どういう措置を取るべきか

 対象や期間を限定すべきである。違反した場合、損害賠
償請求等が可能である

 退職後の秘密保持義務の有効性

退職後の秘密保持義務の有効性が争われた事件として、ダイオーズサービシーズ事件（東京地裁　平14.8.30判決）があります。

同事件では、従業員が、会社に対し、以下の内容の誓約書を提出していました（なお、従業員は、同誓約書において、会社を退職した後、2年間は、在職時に担当したことのある営業地域ならびにその隣接地域に在する同業他社に就職をして、あるいは同地域にて同業の事業を起こして、同社の顧客に対して営業活動を行ったり、代替したりしない旨の退職後の競業避止義務についても誓約していました）。

「就業期間中は勿論のこと、事情があって貴社を退職した後にも貴社の業務に関わる重要な機密事項、特に『顧客の名簿及び取引内容に関わる事項』並びに『製品の製造過程、価格等に関わる事項』については一切他に漏らさないこと。」

また、就業規則にも、同様の定めがなされていました。

このような状況下、退職した従業員が、前職在籍中に担当した顧客を訪問し、顧客から前職会社の提供する商品の値段を聞いて、それと同額程度の値段を提示して類似商品を扱うよう申し出て、レンタル契約を解約してもらい、新たな契約を獲得しました。

東京地裁は、前記の退職後の秘密保持義務について、以下のとおり判示し、有効としました。

> このような退職後の秘密保持義務を広く容認するときは、労働者の職業選択又は営業の自由を不当に制限することになるけれども、使用者にとって営業秘密が重要な価値を有し、労働契約終了後も一定の範囲で営業秘密保持義務を存続させることが、労働契約関係を成立、維持させる上で不可欠の前提でもあるから、労働契約関係にある当事者において、労働契約終了後も一定の範囲で秘密保持義務を負担させる旨の合意は、その秘密の性質・範囲、価値、当事者（労働者）の退職前の地位に照らし、合理性が認められるときは、公序良俗に反せず無効とはいえないと解するのが相当である。

　つまり、期間に定めがない秘密保持義務であっても、無効とはいえないと判断しました。
　もっとも、義務を負う秘密の範囲が無限定であるとはいえないことや、会社にとっての情報の重要性、当該従業員の地位等を総合考慮した上での判断であることには留意が必要です。

② 期間設定や内容についての留意点

　以上を前提にしますと、退職後の秘密保持義務については、退職後の競業避止義務と異なり、幅広い制限が認められる傾向があることが分かります。労働者の職業選択や営業の自由を不当に制限することのないよう、「秘密」の対象を限定的に明確にしておけば、期間の定めがなくても無効とされる可能性は低いと考えられます。

③ 違反していることを知った場合

　秘密保持義務に違反していることが分かった場合、損害賠償請求をすることが考えられます。

　また、それが不正競争防止法の営業秘密に対する不正競争に当たる場合には、差止請求も可能です。同様に、就業規則や個別の契約・合意等によって、秘密保持義務の対象が特定された上で、その保持が約定されていると認められる場合にも、差止請求が可能です。さらに、悪質な場合には、刑事告訴することも考えられるでしょう。

柳田　忍　弁護士（牛島総合法律事務所）

第5章
再雇用・定年延長

Q069 子会社に転籍させて再雇用する場合、年次有給休暇はどのように取り扱うか

A 転籍先の会社で転籍元の会社における勤続年数を通算して年次有給休暇を付与する法的義務はないと考えられるが、そのように扱うことをあらかじめ定めておくことも一案

1 問題の所在

高齢法における高年齢者雇用確保措置の一つとして、継続雇用制度の導入があります（9条1項2号）。当該制度では、事業主が自ら高年齢者を定年後も引き続いて雇用するだけでなく、その子会社や関連会社等（特殊関係事業主）が高年齢者を定年後引き続いて雇用することも許容されます（同条2項、同法施行規則4条の3第1項1号）。

設問は、事業主本体ではなく子会社で再雇用する場合に、当該高年齢者に対する年次有給休暇（以下、年休）の付与に関して定年退職前の勤続年数を通算する必要があるか、というものです。具体的には、定年退職前後で、年休の発生要件の一つである「継続勤務」（労基法39条1項）が認められるかが問題となります。

2 勤続年数を通算する義務の有無について

年休の発生要件の一つである「継続勤務」とは、労働契約の存続期間、すなわち在籍期間をいうものであるとされています。もっとも、労働契約が形式的に複数であっても、直ちに「継続勤務」にならないわけではなく、年休の制度趣旨を踏まえ、勤務の実態、当該雇用契約の期間、雇用契約ごとに契約を終了させて新たに雇用契約を締結する形態を取る理

由、雇用契約と次に締結される雇用契約との間隔、雇用契約締結の際の採用手続きおよび有給休暇が付与されている他の労働者との均衡等を総合して、雇用関係が継続しているか否かを実質的に判断することになります（日本中央競馬会事件　東京高裁　平11.9.30判決）。例えば、定年退職による退職者を引き続き嘱託等として再雇用する場合や、労基法21条各号に該当する者でもその実態より見て引き続き使用されていると認められる場合、在籍型の出向をした場合等、実質的に労働関係が継続していると認められる場合は「継続勤務」に該当するとされています（昭63.3.14　基発150・婦発47）。

　しかし、これらの裁判例や通達は、あくまで同一の使用者の下で労務提供を行った場合について言及するものであり、使用者に変更があった場合については触れていません。

　他方で、転籍の場合は、労働者と転籍元の会社との労働契約は解消され、労働者と転籍先の会社との間で新たに別個の労働契約が締結されるものであるため、転籍元の会社からの労働関係が実質的に継続しているとはいえず、「継続勤務」には該当しないとする実務上の見解が多数あります。

　事業主本体ではなく子会社で再雇用する場合も、定年退職前の勤続年数を通算して年休を付与する法的義務はないと考えられます。

③ 任意の取り扱いの検討について

　もっとも、設問のようなケースにおいて定年退職前の勤続年数を通算しない扱いとすると、同一会社で再雇用される高年齢者なら勤続年数が通算される扱いとの間で均衡を失することになりかねません。そのため、会社の都合によりかかる不公正が生じるのを防ぎ、転籍後の年休付与の条件についての紛争の発生を防止する観点から、転籍先の子会社で年休付与に際して定年退職前の勤続年数も通算する扱いとする旨を定めてお

くことも考えられます。

渡邉悠介　弁護士（森・濱田松本法律事務所）

管理職にふさわしい人材がいない部署では、例外的に定年後再雇用となっても引き続き管理職として雇用することは可能か

A 可能ではある。もっとも、その場合、職務の内容等や賃金の水準には十分注意する必要がある

1 定年後再雇用者の役職登用の可否

　高齢法は、65歳までの雇用確保義務（9条）と70歳までの就業機会の確保努力義務（10条の2）を定めていますが、どのような役職に就けるべきかについての定めはありません。誰を管理職として登用するかは、労働者の管理職としての能力や適性を見極めて判断するものであり、かつ、企業運営において重要な事項であるため、使用者の広い裁量に委ねられています。したがって、自部署に「管理職にふさわしい人材がいない」という理由で、定年後再雇用となっても引き続き管理職として雇用することは可能です。

　ただし、雇用主は、定年後再雇用者の意欲や能力に応じた雇用・就業の機会を確保する配慮義務を負っているので（3条1項）、本人の体力や健康等の状況に大きく反しないよう配慮する必要があります。

② 賃金その他の労働条件の水準について

　定年後再雇用者を管理職に登用する場合、定年後再雇用であることから、賃金その他の労働条件を定年前の役職者より低くすることができるでしょうか。定年後再雇用者の勤務時間が通常よりも短いか、有期雇用契約を締結している場合には、パートタイム・有期雇用労働法8条、9条に反しないかを検討する必要があります。

■ パートタイム・有期雇用労働法9条

　パートタイム・有期雇用労働法9条は、①通常の労働者と業務の内容および責任の程度が同一であり、②通常の労働者と①と配置の変更の範囲が同一と見込まれる——という2要件を満たす場合、短時間・有期雇用労働者であることを「理由とした」差別的取り扱いを禁止しています。同条は、令和2年4月1日施行（中小企業には令和3年4月1日から適用）の法改正により、パートタイム労働者のみならず有期雇用労働者にも適用されるようになりました。

　もっとも、有力な学説は、定年後再雇用者であることから定年前の通常の労働者と待遇が異なる場合には、短時間・有期雇用労働者であることを「理由とした」差別的取り扱いとはいえないとする余地を認めています。

■ パートタイム・有期雇用労働法8条

　パートタイム・有期雇用労働法9条の適用がない場合でも、同法8条の適用は別途問題になります。同法8条は、通常の労働者とパートタイム労働者・有期雇用労働者との間の労働条件の相違が、①業務の内容および責任の程度、②①の変更の範囲、③その他の事情に照らし、不合理なものであってはならないと定めています。

　長澤運輸事件（最高裁二小　平30.6.1判決）は、正社員と定年後再雇用者のドライバーの間には、①②の点では相違はないとしながら、③その他の事情として定年後再雇用であることを考慮した上で、正社員には

第5章　再雇用・定年延長

賞与、住宅手当、家族手当を支給するのに定年後再雇用者に支給しない相違、正社員には能率給・職務給を支給するのに定年後再雇用者には歩合給のみを支給する相違は、結論として不合理ではないとして、労契法20条（パートタイム・有期雇用労働法8条の前身）に反しないと判断しました。ただし、定年後再雇用であれば、いかなる相違でも許容されるわけではなく、同事件では、精勤手当と時間外手当の相違は違法とされました。

名古屋自動車学校事件（名古屋地裁　令2.10.28判決）は、正社員と定年後再雇用者の教習指導員の間で基本給と賞与等に相違があった事件で、再雇用に当たり主任の役職を退任した以外には定年退職前後で①②の相違がないなどとして、基本給と賞与の相違は、定年退職時の基本給額・それに基づき算定した賞与額の60％を下回る限度で不合理と判断しました。また、皆精勤手当・敢闘賞（精励手当）の支給額の相違も不合理と判断しました。

もっとも、以上二つの裁判例は、賃金項目ごとに、その賃金項目の趣旨や①②の点はもとより、③その他の多くの事情（例えば、支給額の差の大きさ、厚生労働省の賃金統計「賃金センサス」上の平均賃金、労使間の交渉の有無、老齢厚生年金等の支給の有無や額等）を個別に検討して結論を導いており、一概に「賃金を○割カットできる」とはいえません。

3 実務上の対応

定年後再雇用者を管理職に登用しながら、賃金やその他の労働条件を定年前の管理職と異にする場合には、パートタイム・有期雇用労働法9条や8条に反しないよう、賃金項目ごとに、個別の事情を踏まえ慎重に検討する必要があります。

関 志保　弁護士（森・濱田松本法律事務所）

定年後再雇用者につき、就業規則に定める
退職事由（年齢に係るものを除く）に該当
する場合には契約更新を拒否できるか

 退職事由があることを理由に契約更新を拒否するには、
個別の事情に応じた慎重な検討が必要

1 契約更新を拒否できる場合とは

　設問では、定年を迎えた労働者を有期雇用契約で再雇用した後の契約
更新が問題となっているものと考えられます。有期雇用労働者は、契約
期間が満了しても、以下の要件を満たした場合にはその更新の拒否（雇
止め）は許されず、契約は更新されます（労契法19条）。逆に、契約更
新を拒否するには、以下のいずれかの要件を満たさないことを立証する
必要があります。

①労働者に有期雇用契約が更新されるとの合理的期待があること

②契約更新につき労働者からの申し込みがあること

③契約更新の拒否が、客観的に合理的な理由を欠き、社会通念上相当で
　あると認められないこと

　高齢法の継続雇用措置として行われている定年後再雇用は、継続雇用
の期間の途中においては更新の合理的期待（①）が認められやすいと考
えられます。また、労働者が雇止めの効力を争う場合には、②も認めら
れます。

　以下では、実務上問題となりやすい③の具体例を見てみます。

② 従業員に非行があった例

　従業員に非行があったとして雇止めの合理性・相当性を認めた事案として、すみれ交通事件（横浜地裁　令元.9.26判決）があります。同事件は、定年後再雇用されたタクシー運転手が危険運転を行い、警察から注意を受けた際も非を認めず謝罪や反省をしなかったことを理由とした雇止めにつき、かかる理由のみならず、当該労働者の再雇用後の交通事故発生率が比較的高く、雇止め直前の雇用期間中にも立て続けに2件の事故を起こしていたこと、当該労働者が雇止め時点において69歳と高齢であって契約更新への期待の程度は限定的であったこと等を踏まえて、雇止めの合理性・相当性を認めました。

　八重椿本舗事件（東京地裁　平25.12.25判決）は、定年後再雇用者が、重要な取引先に対し取引先や会社の利益を害する発言を勝手に行って会社の信用を著しく傷つけたこと、自己に属さない特許権が自己に属する旨頑強に主張し続けたこと等を理由として行った雇止めについて、これらの理由のほか、有期労働契約の期間が2年8カ月で一度も更新されておらず、契約継続の高度の期待があるとまでは言い難いとして、雇止めの合理性・相当性を認めました。

　一方、合理性・相当性が否定された事案として、日の丸交通足立事件（東京地裁　令2.5.22判決）があります。同事件は、定年後再雇用でタクシー運転手をしていた原告が、自転車と接触事故を起こしたが警察にも会社にも通報しなかったことを理由に雇止めをされたものの、本件接触事故は左後方の不確認という比較的単純なミスによるもので、接触相手の自転車も倒れることなく接触後そのまま立ち去っており、接触および不申告が悪質性の高いものとまではいえないこと、後に事案を把握した警察も点数加算せず、重大なものと把握していないこと、原告は営業を終えた後に自ら本件接触を会社に報告しており、隠ぺいを試みたものでなく、その後会社の指示に従い、素直に反省していること、タクシー

運転手として三十数年間人身事故を起こさずに業務に従事し、何度も表彰される優秀な運転手であったこと等を踏まえて、雇止めの合理性・相当性を否定しました。

3 人員整理の例

　人員整理のための雇止めの合理性・相当性を認めた事案として、フジタ事件（大阪地裁　平23.8.12判決）があります。会社存続のため人員削減の必要性が高く、経費削減の徹底、役員報酬・賃金・退職金の減額、賞与支給の延期措置を実施し、複数回にわたり多数の希望退職者を募集し、退職勧奨をも行っている上に、定年後再雇用者に対しても直ちに雇止めを行うのではなく6カ月間の雇用継続を申し入れたこと、多数回の団体交渉をしたこと等を踏まえて、雇止めの合理性・相当性を認めました。

　雇止めの合理性・相当性を否定した事案として、テヅカ事件（福岡地裁　令2.3.19判決）があります。従前の再生計画の履行が困難で公租公課の納付にも影響が出るなど、人件費削減の必要性を認めながらも、会社が団体交渉において定年後再雇用者に提示した給与額がやむを得ないものである根拠を具体的に検討していなかったことなどから、雇止めに合理性・相当性がないと判断しました。

関 志保　弁護士（森・濱田松本法律事務所）

私傷病休職期間中に定年を迎える社員が、治癒後の復職（再雇用）を希望した場合には再雇用しなければならないか

 原則として、定年を迎える時点で治癒していないのであれば退職となり、再雇用の義務はない。もっとも、間もなく治癒が見込まれる等の例外的な場合には、慎重な検討が必要

1 私傷病休職期間中に定年を迎える社員の取り扱い

「高年齢者雇用確保措置の実施及び運用に関する指針」（平24.11.9　厚労告560）は、高齢法に定める継続雇用制度について、「心身の故障のため業務に堪えられないと認められること、勤務状況が著しく不良で引き続き従業員としての職責を果たし得ないこと等就業規則に定める解雇事由又は退職事由（年齢に係るものを除く。以下同じ。）に該当する場合には、継続雇用しないことができる」としています。

一般的な就業規則においては「精神又は身体の障害により業務に堪えられないとき」等の事由を解雇事由として定める例があります。このような事由がある場合、労働契約に基づく債務の本旨に従った労務の提供ができないからです。設問のような私傷病休職期間中の労働者については、就業規則に定める解雇事由または退職事由が認められると考えられます。

2 定年後再雇用の契約内容が特定されている場合

もっとも、定年後間もなく治癒が見込まれる場合等には注意が必要です。

学校法人南山学園事件（名古屋高裁　令2.1.23判決）は、労働者にお

いて定年時、定年後も再雇用契約を新たに締結することで雇用が継続されるものと期待することについて合理的な理由があると認められる場合、再雇用することなく定年により労働者の雇用を終了させることがやむを得ないものとみるべき特段の事情がない限り、客観的に合理的な理由を欠き、社会通念上相当であると認められず、この場合、使用者と労働者との間に、定年後も就業規則等に定めのある再雇用規程に基づき再雇用されたのと同様の雇用関係が存続している（労契法19条2号類推適用）として、同事件においては、定年退職者の行為の懲戒事由該当性を否定し、定年後再雇用と同様の雇用関係を認めました。

　この裁判例は、再雇用された場合の契約内容が定まっているといえる場合には、解雇事由等がない限り、当該内容による再雇用契約の成立を肯定する内容であるといえます。

③ 定年後再雇用の契約内容が特定されていない場合

　国際自動車ほか（再雇用更新拒絶・本訴）事件（東京高裁　平31.2.13判決）においては、定年後一度も再雇用契約を締結しなかった労働者について、その労働者の申し込みにより再雇用契約を締結することが就業規則等で明定されていたり確立した慣行となっており、かつ、その場合の契約内容が特定されている場合には、労働者における再雇用の期待に合理的理由があるから、会社側が再雇用契約を締結せず、それが客観的に合理的な理由を欠き、社会通念上相当と認められない場合には、権利濫用に該当し、労契法19条の基礎にある法理や解雇権濫用法理の趣旨ないし信義則に照らして再雇用契約が成立するとみる余地はあるとし、上記学校法人南山学園事件と同様の判断をしました。しかし、具体的な検討においては、就業規則等による再雇用契約を締結することの明定や確立した慣行が認められず、契約内容の特定もされていないとして、再雇用契約の成立を否定しました。

第5章　再雇用・定年延長

このように、再雇用における契約内容が一義的に決定できない場合には、仮に再雇用拒否に合理性・相当性が認められない場合であっても、労働者たる地位の確認も賃金請求も認められず、せいぜい精神的損害の賠償を請求できる余地があるにとどまることになります。

④ 本設問における検討

　以上を踏まえると、設問の事案で、再雇用された場合の契約内容が就業規則や確立した慣行で定まっている場合はもちろん、そうでない場合であっても、再雇用拒否については客観的に合理的な理由および社会通念上の相当性が要求されることになるといえそうです。間もなく治癒が認められる等の状況にもかかわらず再雇用を拒否する場合には、合理性、相当性が認められるかどうかを慎重に検討する必要があります。

関 志保　弁護士（森・濱田松本法律事務所）

Q073 再雇用後に雇止めをする場合、その有効性はどのように判断されるか

A 平成25年4月1日までに締結した労使協定に基づき、対象者基準の有効性・該当性から判断する

① 再雇用後の雇止めを検討する枠組み

　再雇用後の雇止めの効力を考えるに当たっては、①継続雇用の対象者を限定する労使協定があるか、②当該労使協定が経過措置として適用で

きるか、③当該労使協定に定める継続雇用の対象者基準は有効か、④従業員が当該対象者基準を満たすか――を順々に確認する必要があります。具体的には、[図表5-1] のとおり考えることになります。

2　労使協定があるか……①（以下④まで［図表5-1］に対応）

　労使協定がそもそも存在しない場合には、継続雇用制度の定めがある限り、原則として65歳まで継続雇用する必要があるため、65歳までは

図表5-1●再雇用後の雇止めの有効性判断基準

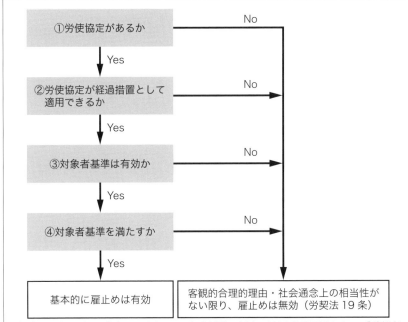

[注]　平成24年の法改正により、25年度以降、制度の適用者は原則として「希望者全員」となった。ただし、24年度までに労使協定により制度適用対象者の基準を定めていた場合は、下記のように、その基準を適用できる年齢を令和7年4月までに段階的に引き上げることが可能な経過措置が設けられている。
　　平成31年4月1日〜令和4年3月31日　　　63歳以上
　　令和4年4月1日〜令和7年3月31日　　　64歳以上
　　令和7年4月1日　　　　　　　　　　　　経過措置の撤廃

再雇用が継続する合理的期待（労契法19条2号）が認められる可能性が高いです。この合理的期待が肯定されると、雇止め法理が適用され、「客観的に合理的な理由を欠き、社会通念上相当であると認められない」場合には、再雇用後の雇止めはできません（同条本文）。

なお、令和2年改正後の高齢法（令和3年4月1日施行）は、65歳から70歳までの労働者の就業確保措置を取る努力義務を定めました（同法10条の2）。この改正が一因となって、70歳まで再雇用が継続する合理的期待が労契法19条2号により認められることになるか否か、今後の議論に注目する必要があります。

③ 労使協定が経過措置として適用できるか……②

労使協定が存在するとしても、経過措置の特例を適用できる年齢であるかが問題となります。

仮に同特例を適用できない場合には、①労使協定が存在しない場合と同様、客観的合理的理由・社会通念上の相当性がない限り、再雇用後の雇止めは認められません。

④ 対象者基準は有効か……③

前記②により経過措置の特例を適用できる場合であっても、対象者基準が有効かどうかは別途問題となります。

対象者基準は、具体性（意欲、能力等をできる限り具体的に測るものであること）と客観性（必要とされる能力等が客観的に示されており、該当可能性を予見できること）があることが望ましいとされますが、原則としてその内容は労使に委ねられるものです。例えば、「協調性のある者」や「勤務態度が良好な者」という基準も、より具体的かつ客観的な基準が望ましいとはいえ、労使間で十分協議の上定められたものであ

れば、高齢法違反とまではいえません（厚生労働省「高年齢者雇用安定法Q&A〔高年齢者雇用確保措置関係〕」〔以下、Q&A〕Q4-4）。

　しかし、「会社が必要と認めた者に限る」といった事業主の恣意を許すようなものや、「男性（女性）に限る」「組合活動に従事していない者に限る」といった他の労働関連法規や公序良俗に反するものは認められません（Q&A Q4-1）。

　仮に対象者基準が無効となる場合には、①労使協定が存在しない場合と同様、客観的合理的理由・社会通念上の相当性がない限り、再雇用後の雇止めは認められないものと解されます。

 対象者基準を満たすか……④

　上記③により対象者基準が有効であり、従業員がこの基準を満たす場合には、再雇用が継続する合理的期待があるとされますから、客観的合理的理由・社会通念上の相当性がない限り、再雇用後の雇止めは認められません（津田電気計器事件　最高裁一小　平24.11.29判決）。

　他方、対象者基準が有効であっても、従業員がこの基準を満たさない場合には、他に特段の事情がない限り、再雇用が継続する合理的期待は認められないと考えられますので、再雇用後の雇止めは認められる場合が多いものと思われます。

　　　　　　　　　　　　　宇賀神 崇　弁護士（森・濱田松本法律事務所）

健康悪化を理由に定年後再雇用者を雇止めできるか

A 業務限定の雇用契約であれば、継続雇用の拒否は一般的に有効であり、業務を限定していない雇用契約の場合においても、労働者の心身の故障により、労務の提供が十分でないと認められる場合は、更新しない理由となり得る。ただし、契約締結時に継続雇用を期待させる言動や認識がある場合はこの限りではない

1 高年齢者雇用確保措置の実施および運用

　高齢法にて、65歳未満の定年の定めをしている事業主は、65歳までの安定した雇用を確保するため、①当該定年の引き上げ、②継続雇用制度の導入、③定年の定めの廃止のいずれかを講じなければなりません。②継続雇用制度については、継続雇用を希望する労働者全員を継続雇用の対象にすることを事業主に原則として義務づけることとしています（高齢法9条1項）。ただし、高齢法改正（平成25年3月31日）までに、継続雇用する者を選別する基準を労使協定で定め、継続雇用制度を導入した事業主においては、経過措置として、年金支給開始年齢引き上げ完了まで、当該年金支給開始年齢以上の者に限り引き続き対象基準制度を利用することができます［図表5-2］。

2 継続雇用制度における継続雇用拒否

　継続雇用制度における継続雇用拒否については、高年齢者雇用確保措置の実施及び運用に関する指針（平24.11.9　厚労告560）にて、「心身の故障のため業務に堪えられないと認められること、勤務状況が著しく不良で引き続き従業員としての職責を果たし得ないこと等就業規則に定

図表 5-2 ●継続雇用制度における経過措置

継続雇用制度を導入する場合は、希望者全員※を対象とすることが必要です。希望者全員とは、定年後も引き続き働きたいと希望する人全員です。

※ただし、以下の経過措置が認められています（高年齢者等の雇用の安定等に関する法律の一部を改正する法律附則 3 項）。

平成 25（2013）年 3 月 31 日までに継続雇用制度の対象者を限定する基準を労使協定で設けている場合

・平成 28（2016）年 3 月 31 日までは
　61 歳以上の人に対して
・平成 31（2019）年 3 月 31 日までは
　62 歳以上の人に対して
・令和 4 （2022）年 3 月 31 日までは
　63 歳以上の人に対して
・令和 7 （2025）年 3 月 31 日までは
　64 歳以上の人に対して

> 継続雇用の対象者を限定する基準を適用することができます

※また、就業規則に定める解雇・退職事由（年齢に係るものを除く。）に該当する場合には、継続雇用しないことができます。ただし、継続雇用しないことについては客観的に合理的な理由があり、社会通念上相当であることが求められると考えられます（高年齢者雇用確保措置の実施及び運用に関する指針（平成 24 年厚生労働省告示第 560 号））。

資料出所：東京労働局「高年齢者雇用安定法ガイドブック」を一部改変

める解雇事由又は退職事由（年齢に係るものを除く。以下同じ。）に該当する場合には、継続雇用しないことができる」としています。ただし、就業規則に定める解雇事由または退職事由と異なる運営基準を設けることは高齢法の趣旨を没却する恐れがありますので注意が必要です。

　雇止めとは、労契法19条により、①その有期労働契約が過去に反復更新されたことにより、雇止めをすることが解雇と社会通念上同視できると認められる場合、または、労働者が有期労働契約の契約期間の満了時にその有期労働契約が更新されるものと期待することについて合理的な理由が認められる場合のいずれかに該当し、②労働者が契約期間満了までに更新の申し込みをしたか、または、期間満了後に遅滞なく有期労働契約の締結の申し込みをしたときは、③使用者による当該申し込みの拒絶が、客観的に合理的な理由を欠き、社会通念上相当であると認めら

れなければ、その有期労働契約の拒否（雇止め）は無効となります。

　継続雇用制度を導入している場合は、原則として、継続雇用を希望する労働者全員を対象とすることが義務づけられており、労働者の雇用継続への高い期待が認められ、この労契法19条の枠組みでその有効性が判断されることとなります。定年後の継続雇用拒否に関する判例（津田電気計器事件　最高裁一小　平24.11.29判決）においては、雇用継続の期待に合理的な理由が認められ、この労働者を継続雇用することなく雇用終了とすることに客観的に合理的な理由を欠き、社会通念上相当といえる事情も認められないとして、雇止め法理を参照して、再雇用されたのと同様の雇用関係が存続しているとみるのが相当であると判示し、継続雇用拒否を無効としています。

③ ご質問への回答

　心身状態の回復の見込み、程度はどのくらいなのか、企業規模等から見て他に配置できる業務がないか、休職制度が設けられているのであれば休職の発令を行ったか、その傷病が業務上の負傷ではないか等、雇止め回避努力を事前に鑑みた上で継続雇用の拒否に至ることは、業務限定の雇用契約であれば一般的に有効であり、業務を限定していない雇用契約の場合においても、労働者の心身の故障により、労務の提供が十分でないと認められる場合は、合理的理由になり得ると考えます。ただし、契約締結時に継続雇用を期待させる言動や認識があった場合は、継続雇用拒否は否定される可能性がある点に留意が必要です。

　また、継続雇用更新時に、労働者からの労働条件変更の要望に沿わなければならないのかといいますと、厚生労働省による「高年齢者雇用安定法Q&A（高年齢者雇用確保措置関係）」のQ1-9で「本人と事業主の間で賃金と労働時間の条件が合意できず、継続雇用を拒否した場合も違反になるのですか」との問いに、高齢法が求めているのは、継続雇用制

度の導入であって、事業主に定年退職者の希望に合致した労働条件で雇用を義務づけるものではなく、事業主の合理的な裁量の範囲の条件を提示していれば、労働者と事業主の間で労働条件等についての合意が得られず、結果的に労働者が継続雇用されることを拒否したとしても、高齢法違反となるものではないと回答しています。

　なお、従前よりも不利な労働条件で更新の申し込みを事業主が行った場合、その労働条件の変更が、客観的に合理的な理由を欠き、社会通念上相当と認められなければ、雇止め法理が類推適用され、事業主による雇止めがなされたと評価されることになりますので、この点にも留意してください。

山口恒憲　特定社会保険労務士（社会保険労務士法人ミライズ）

 業績不振を理由に定年後再雇用者を雇止めしたり、定年退職時の再雇用を拒否したりできるか

 業績不振の程度にもよるが、それを理由とした雇止めや再雇用拒否は、それほど簡単に認められるわけではない

　業績不振を理由とする場合にも、雇止めについてはQ73、定年退職時の再雇用拒否についてはQ80で解説する枠組みで、それぞれ考える必要があります。

　Q73の［図表5-1］やQ80のとおり検討し、雇止めや再雇用拒否に客観的合理的理由・社会通念上の相当性が必要とされる場合には、整理解雇の4要素（①人員削減の必要性、②雇止め回避努力、③人選の合理性、④手続きの相当性）を検討し、客観的合理的理由・社会通念上の相当性

があるかを検討することになります。「業績不振」の程度にもよるでしょうが、裁判例が要求する「業績不振」の程度は、相当程度深刻なものである必要があり、雇止めや再雇用拒否はそれほど簡単に認められるわけではありません。

他方、上述のとおりに検討して、雇止めや再雇用拒否に客観的合理的理由・社会通念上の相当性が必要とされないと考えられる場合（労使協定に定める基準を有効に適用できる場合など）には、「業績不振」の程度にかかわらず、雇止め等が認められる場合が多いものと思われます。

宇賀神 崇　弁護士（森・濱田松本法律事務所）

 再雇用時に会社が以前とは異なる労働条件を提示し、これに本人が同意しなかった場合、会社は再雇用を拒否できるか。再雇用契約の更新時に契約前と異なる労働条件を提示し、本人が同意しなかった場合はどうか

A 合理的な労働条件を提示したにもかかわらず、合意に至らなかった場合には、再雇用および契約更新を拒絶することは可能

1 定年到達時（再雇用時）

■ 提示した労働条件が合理的である場合

定年後再雇用は、法的に見れば「定年退職＋新規の再雇用契約（有期労働契約）の締結」であり、再雇用契約は双方の合意で締結されるものです。そのため、厚生労働省は前掲Q&AのQ1-9において、高齢法は

使用者に定年退職者の希望に合致した労働条件での雇用を義務づけるものではないことを明示し、使用者が「合理的な裁量の範囲の条件を提示していれば」、再雇用契約の労働条件等について合意に達することができず、結果として再雇用拒否に至ったとしても、高齢法違反にはならないとしています（なお、どのような労働条件であれば「合理的な裁量の範囲の条件」といえるかは、Q77を参照ください）。

　裁判例においても、使用者が提示した再雇用後の業務内容、処遇条件等に納得せず、労働者が自己の希望する業務内容に固執した事案において、労働者が自らの判断で再雇用の申込みを拒否したものとして、再雇用契約の成立を否定したものがあります（アルパイン事件　東京地裁令元.5.21判決）。この事件では、使用者の提示した再雇用後の職務内容等が、「客観的に見て誰にとっても到底受け入れられないような不合理なものであったと認めるに足りる的確な証拠はない」と判断されました。

2 提示した労働条件が不合理である場合

　では、定年退職者との間で、再雇用後の労働条件等について合意に達することができなかったことから再雇用拒否に至った場合で、使用者の提示した労働条件が不合理だと評価された場合はどうでしょうか。この場合でも、契約内容たる労働条件が確定しないため、再雇用契約が成立しないのが原則です。しかし、再雇用規程等の内容によって労働条件を合理的に確定できる場合には、当該労働条件に基づく再雇用契約の成立が認められる可能性があります（Q80参照）。

　また、このような再雇用規程等の定めがない場合であっても、継続雇用制度の下で再雇用を不合理に拒否したことにつき、不法行為に基づく損害賠償請求が認められる可能性はあります（Q80参照）。

② 再雇用契約の更新時（再雇用後の雇止め）

　再雇用契約の更新も、別個の契約の締結ですから、契約条件について合意に至らない場合は、前記①の場合と同様に、契約更新が不成立となるのが原則です。

　ただし、高年齢者には、原則として65歳まで再雇用が継続する合理的期待が存在するものと解され、その場合、更新拒否（雇止め）の適法性は労契法19条所定の要件（客観的合理的理由・社会通念上の相当性）に照らして判断されます（Q73参照）。使用者が提示した再雇用後の労働条件を労働者が拒否したために更新されなかったとしても、同条が適用され、提示した労働条件の合理性・相当性等は、同条所定の要件の判断要素として考慮されます（テヅカ事件　福岡地裁　令2.3.19判決）。

　更新前の労働条件から業務内容を変更したり、賃金を引き下げたりする場合には、業務の廃止・縮小など変更の業務上の必要性、経営状況の急激な悪化などの合理的理由が必要であると考えられます。そのような合理的理由がない場合、雇止めに客観的合理的理由・社会通念上の相当性がないとして、更新前と同一条件で更新されたものと扱われます（労契法19条）。

亀田康次　弁護士（横木増井法律事務所）

Q077 再雇用時の労働条件について、定年時と比較して就業日数や労働時間を短くしたり、職務内容を変更したりできるか

A 再雇用契約の条件提示は使用者に裁量が認められ、そのような条件提示を行うことも否定されない。ただし、①社会通念上、当該労働者にとって受け入れ難い条件や、②著しく賃金が低廉な条件等の提示は、高齢法違反となり得る

再雇用時にどのような労働条件を提示すべきかについては、厚生労働省の前掲Q&AのQ1-4において、「高年齢者の安定した雇用を確保するという高年齢者雇用安定法の趣旨を踏まえたものであれば（中略）事業主と労働者の間で決めることができます」とされています。そして、使用者が「合理的な裁量の範囲の条件を提示していれば」、再雇用契約の労働条件等について合意に達することができず、結果として再雇用拒否に至ったとしても、高齢法違反にはなりません（Q76、Q&A Q1-9）。

どのような条件が「合理的な裁量の範囲」といえるかについて、具体的な基準は示されておらず、当該高年齢者の定年前の労働条件、会社の経営状況、他の高年齢者に提示される条件等、個別具体的な事情によって異なり得るため、一概に示すことはできません。しかし、雇用契約を締結する際にどのような労働条件を提示するかについては使用者側に裁量が認められるのが原則であって、就業日数・労働時間についてパートタイムとすることや、定年前の職務内容から変更することも否定されません。

ただし、以下のような条件は合理性が否定される可能性があります。

1 社会通念上、当該労働者にとって受け入れ難い条件

高年齢者において、社会通念上到底受け入れ難い労働条件を提示した場合、"実質的に継続雇用の機会を与えたとは認められない"として、

高齢法違反となり得ます。

トヨタ自動車ほか事件（名古屋高裁　平28.9.28判決）は、定年前は事務職に従事していた労働者に対し、定年（60歳）到達時の再雇用契約の業務内容として、シュレッダー機のごみ袋交換および清掃、再生紙管理、業務用車掃除、清掃等を提示した事案です。裁判所は次のように判示し、会社の対応は「改正高年法の趣旨に明らかに反する違法なもの」であると判断しました。

- 会社は、我が国有数の巨大企業であって事務職としての業務には多種多様なものがあると考えられるにもかかわらず、従前の業務を継続することや他の事務作業等を行うことなど、清掃業務等以外に提示できる事務職としての業務があるか否かについて十分な検討を行ったとは認め難い
- 控訴人に対し清掃業務等の単純労働を提示したことは、あえて屈辱感を覚えるような業務を提示して、控訴人が定年退職せざるを得ないように仕向けたものとの疑いさえ生ずる
- 被控訴人会社の提示した業務内容は、社会通念に照らし労働者にとって到底受け入れ難いようなものであり、実質的に継続雇用の機会を与えたとは認められない

同判決も、定年前の業務と異なった業務内容を提示することは否定していませんが、業務内容が大きく変わる場合には、従前と同種の業務内容を提示することが難しい理由について、社内的に整理しておくべきです（定年前の業務とは異なる職務内容等の提示について、「客観的に見て不合理であったとは認められない」と判断した裁判例として、前掲Q76のアルパイン事件〔東京地裁　令元.5.21判決〕参照）。

なお、再雇用時に提示すべき条件について、「定年の前後における労働条件の継続性・連続性が一定程度、確保されることが前提ないし原則となると解するのが相当」と判示する裁判例も現れています（九州惣菜事件　福岡高裁　平29.9.7判決）。再雇用が「定年退職＋新規の再雇用

契約の締結」であること、高齢法の定める義務は公法上の義務であり、監督機関である厚生労働省も、Q&Aでそのような考え方は示していないことから、妥当な判決とは思われませんが、業務内容や労働時間・日数を大きく変更する場合には、その理由の合理性が問われる傾向が強まっています。

2 著しく賃金が低廉な条件

改正高齢法の趣旨が、老齢厚生年金の報酬比例部分の支給開始年齢の引き上げに伴って、無年金・無収入の期間の発生を防止しようとしたことにあることからしますと、雇用と年金の接続の役割を果たし得ない低額の賃金水準である場合、「実質的に継続雇用の機会を与えたとは認められない」として、高齢法違反となり得ます（前掲トヨタ自動車ほか事件）。再雇用の条件をパートタイムに変更する場合には、この観点からの検討が必要です（賃金水準に関する詳細は、Q78を参照）。

亀田康次　弁護士（横木増井法律事務所）

 今後、再雇用者の増加が見込まれるため、再雇用している者の賃金水準を引き下げたい。どのような点に留意すべきか

 再雇用後の職務内容等に照らした検討が必要。再雇用規程で具体的な賃金水準を定めている場合は、就業規則の不利益変更の合理性も問題になり得る

1 個別契約における対応

1 再雇用契約時

Q77で述べたとおり、再雇用時に提示すべき賃金水準は「合理的な

裁量の範囲の条件」である必要があり、予定される職務内容・職責の重さ等に応じて賃金額を設定していくことになります。改正高齢法の趣旨が、老齢厚生年金の報酬比例部分の支給開始年齢の引き上げに伴って、無年金・無収入の期間の発生を防止しようとしたことにあることから、同趣旨に照らして到底容認できない低額の賃金水準の提示は、実質的に継続雇用の機会を与えたといえず、改正高齢法違反となり得ます。

前掲Q77のトヨタ自動車ほか事件は、会社から提示された労働条件が、パートタイマーとしての雇用で年額127万1500円の給与支給見込み（賞与含む）となる事案で、裁判所は、労働者の主張する老齢厚生年金の報酬比例部分（148万7500円）の約85％の収入が得られるとして、「無年金・無収入の期間の発生を防ぐという趣旨に照らして到底容認できないような低額の給与水準であるということはできない」と判断しました。雇用と年金の接続を図る趣旨からは、年金支給額は一つの目安になると考えられます。

ただし、あくまでも職務内容等に照らした検討が必要であり、定年前の職務内容・賃金額との比較において、職務内容等の軽減度合いに見合った水準といえるかを考慮に入れる必要があります（賃金額を引き下げたい場合、提示する職務内容自体を検討すべきです）。また、パートタイム・有期雇用労働法8条および9条に照らした検討（「通常の労働者」の労働条件との比較）も重要です。詳細はQ79を参照ください。

2 再雇用契約の更新時

高年齢者には、原則として65歳まで再雇用が継続する合理的期待が存在すると解されますから（Q73参照）、更新前の賃金水準から引き下げる場合、経営状況の急激な悪化や、職務内容の変更の必要性に伴う賃金減額など合理的理由が必要です。単に、再雇用者が増加することによる予算的制約といった理由では、いったん再雇用契約で設定した水準を更新時に変更する理由としては弱いと思われます。

また、経営不振の状況が発生したことだけをもって、賃金水準の引き

下げが合理的と認められるわけではありません。裁判例では、使用者の業績が急速に悪化し、人件費も含めた経費削減の必要性自体は存在した事案において、経営再建を図るための経営合理化策や解雇・雇止め回避措置を具体的に検討した形跡がないとして、それまで存在していなかった部署を創設して更新後の勤務内容を提示し、賃金額も半分近くにまで減額提示したことについて、合理的な根拠があったとは認められないと判断したものがあります（テヅカ事件　福岡地裁　令2.3.19判決）。

　なお、老齢厚生年金の支給開始年齢に到達すると、年金も支給されることになるため、賃金と年金を合わせた総支給額を踏まえて、賃金部分を引き下げることができないかが問題になります。しかし、職務内容等の重さに照らして設定した賃金額につき、職務内容等に変更がないにもかかわらず、年金支給が開始されるという理由だけで引き下げることには疑問があります。勤務日数・労働時間を減少させることとセットで検討すべきであり、年金の支給開始を理由とする勤務日数・労働時間の変更には、合理的な理由が必要であると解すべきです。実務上は、定年到達時の再雇用契約において、年金支給開始年齢に到達した後の更新時には、そのような変更があり得ることを説明しておくことも考えられます。

② 再雇用規程の変更

　再雇用規程の中で、賃金水準まで具体的に定めている場合には、その水準が再雇用契約後の労働条件の最低基準として機能します（労契法12条）。したがって、これを下回る水準の提示は合理的なものとはいえず、契約の合理的解釈として、再雇用規程の水準による契約成立が認められる可能性があります。このため、賃金水準を引き下げたい場合には再雇用規程自体を変更する必要があります。

　これは、就業規則の不利益変更になるため、当該変更につき労働者の

合意が得られない場合には（労契法9条）、同変更が労働者の受ける不利益の程度、労働条件の変更の必要性、変更後の就業規則の内容の相当性、労働組合等との交渉の状況その他の就業規則の変更に係る事情に照らして合理的なものである必要があります（同法10条）。再雇用者の増加による予算の逼迫（ひっぱく）や、会社の経営状況に照らして人件費予算の対応が難しいこと等を具体的事情に基づいて主張できるようにしておくべきであり、そのような事情も含めて労働組合等とよく協議を行い、可能であれば労使協定を締結することが望ましいといえます。

亀田康次　弁護士（横木増井法律事務所）

仕事の内容に大きな差がない場合、定年後再雇用者の賃金その他の処遇条件を定年前の水準から引き下げることは認められないか

A 仕事の内容等が正社員と同一でも、2〜4割程度の賃金の引き下げを限度に有効性を認めた判決はある。もっとも、個別の事情によっては処遇条件の引き下げが無効とされる可能性もある

1 問題となる法律の規定

　Q77で見たとおり、定年後再雇用者の賃金その他の処遇条件は、高年齢者の安定した雇用を確保するという高齢法の趣旨を踏まえたものである限り、使用者の「合理的な裁量の範囲の条件」で提示することが許されます（Q&A Q1-9）。

　もっとも、定年後再雇用を有期雇用契約で行う場合には、①パートタイム・有期雇用労働法8条(旧労契法20条)、②同法9条により、定年後

再雇用者の賃金その他の処遇条件が無効とされないかが問題となります。

パートタイム・有期雇用労働法8条

　パートタイム・有期雇用労働法8条は、通常の労働者と有期雇用労働者やパートタイマー（短時間労働者）の間の不合理な待遇の相違を禁止する規定です。定年後再雇用者が有期雇用契約であるかパートタイムで勤務している場合には、パートタイム・有期雇用労働法8条が適用されます。

　問題となるのは、定年後再雇用者（有期雇用契約またはパートタイム）と定年に達していない他の従業員（無期雇用契約およびフルタイム）の間で処遇に差異がある場合に、当該差異が不合理かどうか——という点です。

　この点が争点となった裁判例として、長澤運輸事件（最高裁二小　平30.6.1判決）があります。この事件では、輸送事業を営む使用者においてバラ車の乗務員として勤務していた労働者が、定年退職後有期契約を締結して再雇用されたものの、従事する業務の内容や業務に伴う責任の程度、職務内容や配置の変更の範囲は正社員とまったく変わらなかったにもかかわらず、正社員に支給されていた能率給、職務給、精勤手当、住宅手当、家族手当、役付手当、賞与の支給を受けられず、歩合給が支給されていただけであるなどの相違があることにより、賃金総額は約2割程度も引き下げられた事案で、結論として当該相違は精勤手当および超勤手当（時間外手当）を除き、不合理ではないとしました。

　名古屋自動車学校事件（名古屋地裁　令2.10.28判決）は、自動車学校で定年まで正社員として教習指導員として勤務していた労働者が、定年退職後嘱託社員（有期契約）として引き続き教習指導員として勤務したが、従事する業務の内容や業務に伴う責任の程度、職務内容や配置の

変更の範囲は正社員とほとんど変わらなかったにもかかわらず、基本給や賞与が大幅に引き下げられるなどした事案で、基本給と賞与の相違については、労働者の生活保障という観点も踏まえ、正職員定年退職時の基本給の60％の金額に基づき算定された額を下回る限度で不合理であると判断しました。逆に、この額の限度までの引き下げであれば不合理とまではいえないとしたことになります。

　いずれの判決も、結論として定年後再雇用時の処遇の引き下げの有効性を少なくとも一部認めましたが、これらの判決のように考えるとしても、引き下げ幅や労働組合との協議の有無・内容等、個別具体的な事情によっては、定年後再雇用時の処遇の引き下げの全部または一部が無効と判断される可能性は否定できません。

③ パートタイム・有期雇用労働法9条

　パートタイム・有期雇用労働法9条は、有期雇用労働者やパートタイマーのうち「通常の労働者と同視すべき短時間・有期雇用労働者」と正社員（通常の労働者）との間における「差別的取扱い」を無効とする規定です。同条は、定年後再雇用者が有期雇用かパートタイムで勤務している場合に適用が問題となります。

　ここでいう「通常の労働者と同視すべき短時間・有期雇用労働者」とは、業務の内容や責任の程度が正社員と同一であり、かつ、雇用期間終了までの全期間において、職務の内容・配置の変更の範囲が正社員と同一と見込まれるような有期雇用労働者またはパートタイマーをいい、該当者の範囲がかなり限られています。もっとも、該当者については正社員との「差別的取扱い」が禁止されるため、処遇の相違が「不合理」でなければ許容されるパートタイム・有期雇用労働法8条の該当ケースよりも、広く処遇の相違が無効とされる可能性があります。

　パートタイム・有期雇用労働法9条およびその前身であるパートタイ

ム労働法9条が問題となった裁判例はいまだ少なく（ニヤクコーポレーション事件　大分地裁　平25.12.10判決、京都市立浴場運営財団ほか事件　京都地裁　平29.9.20判決）、定年後再雇用者について同条が問題となった裁判例はいまだ見当たりません。もっとも、定年後再雇用者が「通常の労働者と同視すべき短時間・有期雇用労働者」に該当すると考えられる場合には同条が問題となり得るため、自社においてこうしたケースが想定されないか留意する必要はあります。

宇賀神　崇　弁護士（森・濱田松本法律事務所）

080　再雇用拒否の有効性は、裁判でどのように争われるか。再雇用拒否が無効となった場合、再雇用契約が成立することになるか

A　継続雇用制度が存在するか、存在するとして労働条件が確定できるかによって、裁判での争い方や再雇用拒否の有効性の判断が異なる

1　基本的な考え方

　定年退職者が再雇用拒否の有効性を争う方法として、①再雇用契約が成立したものとして労働契約上の地位確認請求および賃金請求を行う方法と、②不法行為に基づく損害賠償請求を行うことが考えられます。

　裁判例上、高齢法9条（高年齢者雇用確保措置）に基づく事業主の義務は公法上の義務であり、個々の従業員に対する私法上の雇用義務を定めたものではないとの判断が定着していますので、単に高齢法9条違反があったというだけでは再雇用契約は成立せず、地位確認請求を行うことはできません。ただし、継続雇用制度が存在し、再雇用規程の内容や

過去の類似事例等から労働条件を確定できるのであれば、当該条件で再雇用契約が成立したものとして、地位確認請求および賃金請求が可能な場合があります。また、不法行為に基づく損害賠償請求を行うことができる場合もあります。

② 継続雇用制度が存在し、労働条件を確定できる場合

継続雇用制度が存在する場合、再雇用時には原則として希望者全員を制度の適用対象とすることになるため、定年到達者には雇用継続の合理的期待が認められます。定年退職後の再雇用は別個の新たな契約の締結にほかならず、申し込みに対する承諾なくして新たな雇用契約が締結されたというべき法的根拠はないとする裁判例も存在するものの（国際自動車事件　東京地裁　平27.1.28判決）、継続雇用基準を満たす場合に「客観的に合理的な理由を欠き、社会通念上相当であると認められない」限り再雇用されたのと同様の雇用関係が存続するとした、Q73の津田電気計器事件その他の近時の裁判例に照らすと、就業規則に定める解雇・退職事由が存在し、再雇用拒否に客観的合理的理由・社会通念上の相当性が認められる場合でなければ、地位確認請求が認められ得ると解されます。

この場合の再雇用契約の労働条件は、再雇用規程の具体的定めに従うことになり、それに基づく賃金請求も可能です。

③ 継続雇用制度が存在するが、労働条件が確定できない場合

再雇用契約において賃金額は契約の本質的要素であり、賃金額が確定できなければ、再雇用契約の成立は認められず、地位確認請求および賃金請求はできないと考えられます（日本ニューホランド［再雇用拒否］事件　札幌地裁　平22.3.30判決）。ただし、類似の前例の平均値等のさ

まざまな事情から労働条件を確定することが可能であれば、当該労働条件による契約成立は認められ得ます。

地位確認請求および賃金請求ができないとしても、不法行為に基づく損害賠償請求は認められ得ます。この場合の損害としては、あるべき再雇用の賃金水準を確定できない以上、逸失利益を不法行為と相当因果関係のある損害と認定することはできず、慰謝料請求を行うことができるにとどまると解すべきです（Q77の九州惣菜事件）。

④ 継続雇用制度がまったく存在しない場合

この場合、高齢法9条が公法上の義務であるにとどまることから、地位確認請求を行うことはできず、不法行為を直ちに構成するかどうかにも疑問があります。

そのように解した場合、何らかの継続雇用制度を導入した使用者よりも、まったく対応しない使用者のほうが有利になる不均衡が生じ得ます。とはいえ、高齢法違反の事業主については、厚生労働省において公共職業安定所を通じて実態を調査し、必要に応じて、指導・助言、勧告、企業名の公表が行われる可能性があり、公法上の制裁がなされる点を踏まえると、まったく対応しないことのリスクは大きいといえます。

宇賀神 崇　弁護士（森・濱田松本法律事務所）

労契法18条の無期転換ルールは定年後再雇用者にも適用されるか。適用される場合の留意点についても教えてほしい

 無期転換ルールは定年後再雇用者にも適用される。定年後再雇用の期間の管理、第2定年の定め、有期雇用特別措置法の特例の利用などの対策が考えられる

1 無期転換ルールは定年後再雇用者にも適用される

　労契法18条の定める無期転換ルールとは、有期雇用契約の通算契約期間が5年を超える労働者は、無期転換権を行使することができ、行使すると無期雇用契約が成立するという制度です。同条の文言は、定年後再雇用者を排除しておらず、定年後再雇用者にも同条は適用されます。

　そこで、トラブル防止の観点から、以下の対策を検討することが望ましいといえます。

2 対策その1：定年後再雇用の期間（契約期間）の管理

　定年後再雇用者に無期転換権を発生させないために留意すべき点として、まず、定年後再雇用の期間が5年を超えないように、その旨を再雇用契約上明示し（更新上限条項）、実際にも契約期間が5年を超えないように管理することが挙げられます。

　例えば、定年が「60歳に達する日」であるのに、定年後再雇用は「65歳に達する日の属する月の末日」まで継続する運用では、定年後再雇用の合計期間が5年を（65歳に達する日からその月の末日までの期間分だけ）超えることになりますので、最後の再雇用契約の締結時に無期転換権が生じかねません。このように、定年に達する日と65歳時の再雇用

208

終了日との平仄^{ひょうそく}を合わせることが必要です。

 対策その２：第２定年の定め

　また、定年後再雇用者に無期転換権が発生した場合に備えて、60歳以上の労働者が無期転換権を行使した場合の定年を65歳とする第2定年の定めを別途設けることも考えられます。

 対策その３：有期雇用特別措置法の特例の利用

　さらに、有期雇用特別措置法に定める「第二種計画」を作成し、厚生労働大臣（実際には、権限の委任を受けた都道府県労働局長）の認定を受ければ、定年後の契約期間は労契法18条の通算契約期間に算定しないという特例の適用を受けることができます（有期雇用特別措置法8条2項）。

　第二種計画の申請に当たっては、高齢法9条に定める65歳までの雇用確保措置を講じることのほか、以下の雇用管理措置のうち、実情に照らし適切なものを講じることを記載する必要があります（有期雇用特別措置法6条、事業主が行う特定有期雇用労働者の特性に応じた雇用管理に関する措置に関する基本的な指針〔平27.3.18　厚労告69、最終改正：令3.3.24　厚労告93　第2-2〕）。

- 高年齢者雇用等推進者（高齢法11条）の選任
- 職業能力の開発および向上のための教育訓練の実施等
- 作業施設・方法の改善
- 健康管理、安全衛生の配慮
- 職域の拡大
- 知識、経験等を活用できる配置、処遇の推進
- 賃金体系の見直し

● 勤務時間制度の弾力化

宇賀神 崇　弁護士（森・濱田松本法律事務所）

 定年後の再雇用における賃金水準を一律に減額してもよいか

 減額するためには、職務の内容（業務の内容、責任の程度）や職務の内容・配置の変更の範囲を再雇用時に変更する必要がある

1　厚生労働省の見解

　定年後に継続雇用する制度を導入し、再雇用を行う場合は、形式的には、定年により一度労働契約は終了し、新たな労働契約を締結することになります。

　定年後の再雇用に関して、厚生労働省は、合理的な裁量の範囲の条件を提示していれば、高齢法の違反にはならないとの見解を公表しています（高年齢者雇用安定法Q&A〔高年齢者雇用確保措置関係〕）。ただし、高年齢者が受け入れる余地のない労働条件を提示することは実質的には解雇に等しいところ、継続雇用をしないことができるのは、解雇事由または退職事由と同一の範囲に限定されている（高年齢者雇用確保措置の実施及び運用に関する指針　平24.11.9　厚労告560）ことから、事業主から提示する労働条件は、合理的な裁量の範囲とするよう制約されています。

② 同一労働同一賃金との関係

　再雇用時の条件提示の問題以外にも、定年後の継続雇用によって高年齢者雇用確保措置を実施した場合、当該高年齢者は有期雇用労働者となるため、正社員との間で同一労働同一賃金の問題が生じます。

　定年退職後の再雇用に関して同一労働同一賃金が争われた事件として、長澤運輸事件（最高裁二小　平30.6.1判決）があります。最高裁は、旧労契法20条が考慮することを認めている「その他の事情」として、“定年後の再雇用であること”について、再雇用後の賃金減額に関する合理性を肯定する方向で考慮しました。

　なお、同事件は、旧労契法20条が適用された事件であり、現在において、有期雇用労働者と無期雇用労働者の労働条件の相違に関しては、パートタイム・有期雇用労働法8条および9条が適用されることになります。よって、同事件を参照する場合は、以下の点に留意すべきです。

　まず、同一労働と評価されるか否かが非常に重要であるところ、同事件では、①業務の内容、②当該業務に伴う責任の程度、および③配置の変更の範囲については、無期雇用労働者と有期雇用労働者の間に「相違はない」と判断されていました。

　現行法で同様に「相違はない」と判断されるに至れば、不合理な差別を禁止して「均衡待遇」を定めた旧労契法20条を受け継いだパートタイム・有期雇用労働法8条ではなく、労働条件に差異を設けること自体を不利益取り扱いとして禁止する「均等待遇」を定めた同法9条が適用される可能性があります。同法9条では、同事件が定年後の再雇用を考慮した「その他の事情」は考慮要素として掲げられておらず、“定年後の再雇用であること”が賃金減額に有利な事情として考慮される余地がなくなる可能性があります。

　したがって、定年後の再雇用において賃金の減額を一定程度行うに当たっては、少なくとも職務の内容（業務の内容、責任の程度）および職

第5章　再雇用・定年延長

務の内容・配置の変更の範囲のいずれかについて、再雇用時点において変更することが重要です。

　なお、パートタイム・有期雇用労働法14条1項・2項は、事業主が講ずる措置について、有期雇用労働者に対して説明する義務を定めているため、なぜ再雇用後に賃金が減額されるのか合理的に説明できるように準備しておく必要があるでしょう。

家永　勲　弁護士（弁護士法人ALG & Associates）

　定年後再雇用者には賞与や退職金を一律支給しないとの規定は問題か

A 正社員には職能給を導入し、賞与や退職金を基本給に連動させる一方、定年後再雇用者には職務変更や職能給と異なる時給制の適用等を実施することで、許容される可能性がある

　賞与や退職金に関する判例

　正社員に対して支給している賞与および退職金を有期雇用労働者へ不支給とすることが不合理といえるか否かが争点となった、メトロコマース事件（最高裁三小　令2.10.13判決）と大阪医科薬科大学事件（最高裁三小　令2.10.13判決）について、最高裁は、いずれも不合理とはいえないとの判決を下しています。これらの判例を踏まえて、定年後再雇用における賞与および退職金について検討する必要があります。

　両事件では、賞与および退職金に関して、以下のような事実関係があったと認定されています。なお、賞与については法人の業績に連動していなかった点も重要です。

①正社員の基本給が職能給の性格を有していること

②賞与や退職金が基本給と連動して決定されていること

　これらの特徴を踏まえて、人材確保と定着の目的から正社員へ賞与または退職金を支給することとしたものと判断されました。

　また、両事件においては、正社員と比較された有期雇用労働者は、いずれも時給制社員であり、職能給を前提とする正社員と賃金体系自体が大きく相違していました。さらに、正社員と有期雇用労働者の職務の内容（業務の内容、責任の程度）および職務の内容・配置の変更の範囲には、一定の相違があったことが前提とされています。

② 不支給が許容されるための重要な要素

　以上のような事件の事実関係を踏まえたとき、定年後の再雇用において、賞与や退職金の不支給が許容されるためには、重要な要素が2点あると考えられます。

　一つは、職務の内容（業務の内容、責任の程度）および職務の内容・配置の変更の範囲に明確な相違を設けることです。これが実現できなければ、「均等待遇」が求められ、賞与や退職金の支給が必要となる可能性がある上、「その他の事情」を考慮する余地がなくなります。退職金の支給に関しては、定年時において支給済みであることが、「その他の事情」として考慮される余地を残す必要性は特に高いでしょう。

　もう一つは、賃金体系や賞与・退職金支給基準に関して、正社員には職能給の性格を有する賃金制度を採用した上で賞与や退職金を基本給に連動させる一方、定年後再雇用者については職務の内容等の変更と併せて職能給と異なる時給制にするなどして職能給の性格をなくすといった変更を加えることが考えられます。

　なお、賞与については、法人の業績に連動させている場合、定年後再雇用者であっても法人の業績に何らかの貢献があることは通常否定でき

ない以上、仮に職能給の性格をなくした賃金制度を採用したとしても、賞与を一切支給しないことは不合理と判断される可能性があることに留意が必要です。

これらの重要な要素を押さえながら、正社員と定年後再雇用者の労働条件を整理することにより、判例において賞与および退職金の不支給が不合理ではないとされた要素を備えることになり、賞与や退職金の不支給が許容される可能性があると考えられます。

家永 勲 弁護士（弁護士法人ALG & Associates）

定年後再雇用者に対して、定年時の未消化年休を付与しなければならないか

A 定年後再雇用は継続勤務に該当するため、未消化年休も付与しなければならない

1 年次有給休暇（年休）の付与

定年後再雇用者に関して、法形式としては、無期労働契約がいったん終了し、新たに有期労働契約を締結すると整理されていることからすれば、年次有給休暇（以下、年休）を付与する根拠となっていた無期労働契約が終了したことに伴い、当該契約に基づき付与されていた年休の請求権も失われるのではないかという形式的な解釈の余地は否定できません。

しかしながら、定年後の再雇用における、実質的には勤務が継続しているという特殊性も考慮する必要があることから、契約の終了という形

式のみに着目するのではなく、年休の付与について定めている労基法39条の実質的な解釈も確認しておく必要があります。

　同条1項は、年休付与の条件について「使用者は、その雇入れの日から起算して6箇月間継続勤務し全労働日の8割以上出勤した労働者に対して、継続し、又は分割した10労働日の有給休暇を与えなければならない」と定め、継続して勤務した期間に応じて付与日数を増加させています。

　ここで問題となるのは、定年後再雇用者が、無期労働契約が終了して有期労働契約を再締結した事実をもって、「6箇月間継続勤務」したと評価できるか否かということです。

② 厚生労働省の解釈

　この点について、厚生労働省は、労基法の解釈例規を示しています（昭63.3.14　基発150・婦発47、平6.3.31　基発181）。

　当該通達では、「継続勤務とは、労働契約の存続期間、すなわち在籍期間をいう。継続勤務か否かについては、勤務の実態に即し実質的に判断すべきものであり、次に掲げるような場合を含むこと」とした上で、例示として「定年退職による退職者を引き続き嘱託等として再採用している場合（退職手当規程に基づき、所定の退職手当を支給した場合を含む。）。ただし、退職と再採用との間に相当期間が存し、客観的に労働関係が断続していると認められる場合はこの限りでない」とされているところであり、同条に関する解釈例規は現在も変更されていません。

　当然ながら、当時の通達では高年齢者雇用確保措置が前提とはされていませんが、解釈において重要とされているのは、"勤務実態に即して判断する"という点です。形式ではなく実態に即して判断するという価値判断は、現在においても何ら変容するものではなく、法に基づく高年齢者雇用確保措置としての再雇用では退職と再採用の間に相当期間の断

続が存する余地がないことからすれば、継続勤務に該当するものと解釈されることになります。

したがって、高年齢者雇用確保措置として再雇用した場合には、年休に関しては、勤務が継続しているものと評価されることとなり、無期労働契約時において発生していた年休は失われない上、再雇用後の年休の付与時においても、過去の勤続年数と通算して付与日数を決定しなければなりません。

家永 勲　弁護士（弁護士法人ALG & Associates）

 定年後再雇用者を出向や転籍させた場合、継続雇用制度として認められるか

 「特殊関係事業主」と呼ばれるグループ会社が対象であれば継続雇用制度として認められる

 特殊関係事業主制度

高齢法9条2項は、継続雇用制度として認める範囲を拡張しており、いわゆるグループ会社をはじめとする「特殊関係事業主」と呼ばれる一定の範囲に属する法人等において継続的に雇用される措置を採用し、定年後に特殊関係事業主が引き続いて雇用することを約する契約が締結されている場合には、当該事業主は継続雇用制度を導入しているものと認めています。したがって、特殊関係事業主の範囲に属する法人等への出向や転籍によって雇用を継続する措置を採用し、当該出向および転籍等に必要な契約が締結されていれば、継続雇用制度に該当します。

② 特殊関係事業主の範囲

　グループ会社といえども、その関係性はさまざまであり、高齢法が定める「特殊関係事業主」に該当するか否かにつき把握しておく必要があります。特殊関係事業主に関しては、高齢則4条の3第1項に定めが設けられていますが、代表的な例は以下のとおりです［図表5-3］。

■ 親子法人等関係（［図表5-3］①〜③）

　最も典型的な例は、いわゆる親会社と子会社の関係にあるような場合（議決権の過半数を親会社が有している場合）であり、親会社から子会社や子会社から親会社に移籍させて継続雇用することも認められます。さらに、共通の親会社を持っている複数の子会社（この場合、これらの子会社同士は議決権を保有し合う関係にない）がある場合には、子会社から他の子会社（いわゆる兄弟会社）へ移籍する場合でも、継続雇用として認められます。

　なお、議決権の過半数を有していないケースでも、40%以上の議決権を有し、かつ、議決権以外の要素を考慮すれば実質的に支配していると認められる場合にも、特殊関係事業主の範囲が拡張されています。

　例えば、1人の代表者が複数の会社を経営しており、うち一つの会社が40%以上の議決権を保有し、それ以外の会社の議決権との合計が

図表5-3●特殊関係事業主の範囲

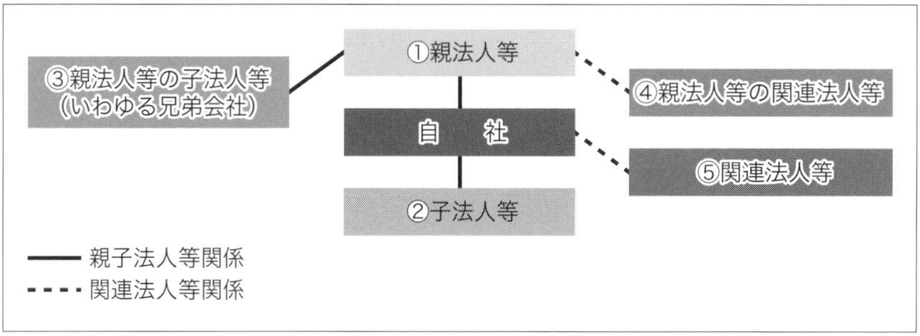

資料出所：厚生労働省「高年齢者雇用安定法ガイドブック」

50％以上となる場合などが考えられます（実質的議決権割合が50％以上）。ほかにも、例えば、取締役会の過半数の占拠や資金調達総額の過半数を融資している場合など（意思決定の支配が推測される場合）も、継続雇用として認められる場合があるでしょう。

さらに、議決権の保有割合が40％未満である場合においても、実質的議決権割合が50％以上となり、かつ、意思決定の支配の推測がされる場合に該当するときは、特殊関係事業主と認められます。

② 関連法人等関係（［図表5-3］④⑤）

また、子会社等に至っていないような場合でも、議決権の保有割合が20％以上となっているときには、「関連法人等」となり、継続雇用と認められます。関連法人等の範囲については、議決権の保有割合が20％未満であっても、議決権保有割合が15％以上であり、かつ、事業等の方針決定に重要な影響を与えることが推測される事実がある場合（重要影響基準）には、関連法人等として、特殊関係事業主として認められることがあります。重要影響基準に該当すると想定されているのは、例えば、親法人等が代表取締役に就任していることや、重要な融資を受けていること、重要な取り引きがあることなどです。

また、議決権の保有割合が15％未満の場合においても、実質的議決権の割合が20％以上となり、かつ、重要影響基準に該当するときは、特殊関係事業主と認められます。

なお、関連法人等となる場合で、親会社に属する関連法人等があるときは、親会社の子会社にとっても、その関連法人等が特殊関係事業主として認められます（［図表5-3］④に該当する）。

より詳細な事項については、高齢則の定めおよび厚生労働省が公表するQ&Aなどからも把握できますが、出向や転籍が継続雇用制度として認められるためには、出向先や転籍先が、自社の立場から見たときに特殊関係事業主に該当することが重要です。

家永 勲 弁護士（弁護士法人ALG & Associates）

定年後再雇用者とグループ会社との間で労働条件が折り合わない場合、自社で再雇用しなければならないか

A 必ずしも自社で雇用する必要はなく、グループ会社で再雇用の労働条件を提示すれば足りる

1 再雇用主の選択

　特殊関係事業主制度に基づきグループ会社で定年後の再雇用制度を導入している場合、どこで雇用させるかについてグループ内の人員配置基準を就業規則等で定めることが可能であり、事業主が雇用先を選択して判断することができると考えられています。

　そのため、定年後の再雇用者を自社以外のグループ会社で雇用すると判断した場合には、当該グループ会社において雇用するか否かが決定されることとなりますが、当該グループ会社における雇用がかなわなかったとしても、自社で雇用する必要はありません。

2 グループ会社における再雇用時の労働条件の提示

　再雇用時における労働条件は、合理的な範囲であれば変更することは可能であり、このことはグループ会社における再雇用でも同様です。グループ会社は、継続雇用のために当該労働者を優遇して扱う必要もないと考えられており、グループ会社における雇用が必須とはされていません。

　労働条件の折り合いに関しては、継続雇用制度において、嘱託やパートタイマーなどに変更し、1年ごとに雇用契約を更新する形態などを提示することが想定されており、そのような提示をすることも可能です。

こうした提示を拒否されたことにより継続雇用が実現できなかったとしても、高齢法違反となるわけではありません。厚生労働省が公表する高年齢者雇用安定法Q&A（高年齢者雇用確保措置関係）でも、「特殊関係事業主が合理的な裁量の範囲の条件を提示していれば、労働者と特殊関係事業主との間で労働条件等についての合意が得られず、結果的に労働者が継続雇用されることを拒否したとしても、特殊関係事業主はもとより、元の事業主が高年齢者雇用安定法違反となるものではありません」とされています。

なお、定年となった労働者が受け入れる余地がないような労働条件を提示することは、許されないことに留意する必要があります。

家永 勲 弁護士（弁護士法人ALG & Associates）

 定年後再雇用のほかに、会社が認めた特定の従業員について定年延長を適用する取り扱いは可能か

 定年制は、労働契約の終了事由であるが、定年時期を超えて雇用を継続することは、使用者の判断または労使間の合意によって行うことが可能である

1 定年制とは

定年延長を検討するに当たって、そもそもの定年制の位置づけと種類などを整理しておきましょう。

定年制とは、労働者が一定の年齢に到達することにより労働契約を終了させる制度を意味しています。就業規則または労使間の合意に基づき、労働者と使用者の労働契約の内容に組み込まれているものです。

定年制の合理性に関しても議論はありますが、過去の判例では、定年制は「人事の刷新・経営の改善等、企業の組織および運営の適正化のために行なわれるものであつて、一般的にいつて、不合理な制度ということはでき」ないと判断されたことがあります（秋北バス事件　最高裁大法廷　昭43.12.25判決）。高齢法においても、定年制の廃止以外にも定年延長などの制度による高年齢者雇用が許容されていることからも、定年制自体は合理的で有効な制度であると考えられています。ただし、高齢法8条において、60歳を下回る定年の定めは規制されているため、定年制を定めるに当たっては、60歳以上の年齢を設定する必要があります。

　定年制には、厳密にいえば、「定年解雇制」と「定年退職制」の2種類があるともいわれており、前者の場合は、解雇権濫用法理の適用があるとされています。

　したがって、定年解雇制の場合には、定年に達したとしても、その解雇には、客観的かつ合理的な理由と社会通念上の相当性がなければ、労働契約を終了させることができません（労契法16条）。また、解雇予告通知の規制も適用されることから、定年到達の30日前には、解雇の意思表示を行う必要があります（労基法20条）。

　定年退職制の場合は、労使双方からの特段の意思表示などなく、定年に達したときに、労働契約が終了することになります。

② 定年制の種類ごとの延長対応方法

　定年解雇制を採用している企業において、解雇の意思表示を行わないことで、定年時に労働契約が終了する効果を発生させないことができます。使用者の立場からすれば、解雇権濫用により定年に伴う解雇が違法となる余地がある以上、定年のときに解雇しなければならないとすれば、違法な解雇を強制されることにもつながります。このことから、定年解雇制が定年時に解雇することを義務づけたとまで解釈することはでき

ず、解雇するか否かについては、使用者側の裁量によることができると考えて差し支えないでしょう。

　定年退職制の場合は、双方の特段の意思表示がなく定年の時に労働契約が終了するため、定年解雇制とは異なる配慮が必要になります。

　定年制が、就業規則または合意に基づく労働契約の内容であることからすれば、双方の合意に基づき労働契約の内容を変更することは可能と考えられます（労契法8条）。ただし、定年制は就業規則に定められていることが多いため、就業規則の最低基準効との関係も検討しておく必要があります（同法12条）。

　定年制については、最低基準効の観点から検討すると、例えば60歳に到達したときには労働契約が終了するという条件について延長することは、定年の時期を60歳よりも遅らせるか定年制自体を適用せずに労働契約を継続することを意味します。これらの労働条件は、就業規則に定める条件よりも優遇された待遇といえるでしょう。したがって、対象となる労働者との合意に基づき定年制の適用を行わずに、労働契約を継続することが、最低基準効に抵触するとは考えられません。

③ 定年の個別の延長における留意事項

　定年制が存在したとしても、解雇の意思表示を控えることや個別の合意に基づき延長することは可能と考えられますが、定年制を適用しないことが一般化しないように留意すべきです。

　多数の労働者に対して定年制を適用しないことが標準的な対応となった場合には、定年制を適用しないことが労使間の慣習となることで、双方を法的に拘束するに至り、実質的に定年制を廃止したのと同様の状況となる恐れがあります。

家永　勲　弁護士（弁護士法人ALG & Associates）

定年延長する場合、60歳定年制は維持し、所属部門や事業所、職種・職務等により異なる定年年齢とすることは可能か

A 法律的には可能であるが、実務上は支障が出ることがあるため注意が必要

1 自社内における異なる定年年齢の適法性

　高齢法8条は、「事業主がその雇用する労働者の定年（中略）の定めをする場合には、当該定年は、60歳を下回ることができない」と規定しており、定年を60歳より下に設定することはできません。また、同法9条は、「定年（中略）の定めをしている事業主は、その雇用する高年齢者の65歳までの安定した雇用を確保するため、次の各号に掲げる措置（中略）のいずれかを講じなければならない」と規定し、「次の各号に掲げる」手段（高年齢者雇用確保措置）として「定年の定めの廃止」のほか、「定年の引上げ」「継続雇用制度（現に雇用している高年齢者が希望するときは、当該高年齢者をその定年後も引き続いて雇用する制度）の導入」を掲げています。

　この点、高齢法は、60歳定年の場合でも、65歳までは雇用を確保する措置を設けなければならないと規定するだけであり、使用者に対しどの事業場においても同一の高年齢者雇用確保措置を取るよう求めているわけではありません。したがって、使用者が所属部門や事業所、職種・職務等により異なる定年年齢とすること（例えば、A事業場では70歳まで定年を延長するが、B事業場では定年を65歳とする、C事業場では継続雇用制度を設ける等の対応）について、上記の規定に違反しない限り、法律上の制限はないと考えられます。

2 実務上の対応

　しかし、異なる定年制を設けることは、実務上は混乱を招くことがあるので注意が必要です。すなわち、一般的な正社員の就業規則においては、「会社は、業務上必要がある場合には、社員に対し、職種、職場の変更を命じることがある。社員は、正当な理由がない限り、これに従わなければならない」といった配置転換（配転）条項が規定されているため、事業場や職種によって定年年齢を変える場合には、職種や職場が変わるたびに定年が変更されることになりかねないからです。例えば、定年が70歳のA事業場で勤務している社員が65歳を超えて勤務しているときに、定年が65歳のB事業場に配転されると、その時点で定年を超えているため、退職することになってしまいます。

　また、どのように職種や職場の変更を行うかは企業の人事権の裁量によるところ、企業の一方的な判断で決められる配属先によって定年が変わってしまうのでは、いわば「たまたま65歳定年の職場にいたときに65歳になったので退職となる（同期入社でも、70歳定年の職場に配属されれば、65歳になっても退職せずに済む）」といったケースが頻出し、社員の間に不公平感が生じることにもなります。

　したがって、職種や職場等によって定年年齢を変更するのであれば、こうした職種や職場を超えた配置転換が行われない職種（例えば、地域限定社員など）や職場について行うべきであり、職種や職場を問わず配置転換が頻繁に行われる企業では、避けたほうが無難です。

安倍嘉一　弁護士（森・濱田松本法律事務所）

宇賀神 崇　弁護士（森・濱田松本法律事務所）

定年延長するかどうかにより退職金の水準に差を設けてもよいか

A 法的には問題ないが、既に定年延長制度を実施している中で定年延長者の退職金水準を引き下げる場合は、労働条件の不利益変更に該当する可能性がある

1　高齢法と労働条件設定に関する制約

　高齢法は、60歳定年制を設けている事業主に対し、65歳までの安定した雇用を確保するため、高年齢者雇用確保措置を講じることを義務づけており、これに従わない場合には、必要に応じて、指導・助言、勧告、企業名の公表を行っています（同法9〜10条）。しかし、同法が求めているのは、「65歳までの安定した雇用の確保」であり、それ以上のことは何も義務づけていません。そのため、雇用の確保さえしていれば、その他の労働条件が下がったとしても、直ちに高齢法違反になるわけではありません。したがって、対象者が定年延長を選択する場合に、従前の定年年齢で退職する場合と比較して退職金の水準を低くする対応も、60歳以降再雇用のケースと同様、同法上は適法に行えます。

　ただし、労働条件については、労基法等他の法律の制限があるため、それらに抵触してはならないことは言うまでもありません。厚生労働省の高年齢者雇用安定法Q&A（高年齢者雇用確保措置関係）のQ1-4においても、「高年齢者雇用安定法の趣旨を踏まえたものであれば、最低賃金などの雇用に関するルールの範囲内で、フルタイム、パートタイムなどの労働時間、賃金、待遇などに関して、事業主と労働者の間で決めることができます」と記載されています。

② 定年延長者の退職金水準の引き下げは難しい

　従来の定年後再雇用の制度に加え、今後新たに定年延長制度を設けるのであれば、現時点で定年延長制度の適用者がいない以上、これまでの定年60歳から新たに雇用期間が延長されるという「60歳以降勤務の選択肢」が付加されるにとどまるため、労働条件に不利益は生じていません。したがって、この場合には、労働条件の不利益変更の問題は生じず、（60歳以降の退職時における）退職金水準を含め使用者が提案した制度内容について、労働組合と協議するなど適切な手続きを踏めば導入することが可能です。

　これに対し、既に定年後再雇用と定年延長を選択する制度を導入しているものの、導入時に、定年を延長するか否かによって60歳到達時の退職金水準を見直す（Q90参照）ことなく、従来の勤続年数が長いほど退職金額が増える制度設計としているケース（例えば、一定の金額に勤続年数に応じた係数を掛けて退職金額を算定するなど）では、制度対象者の定年延長の選択状況によっては退職金の支給総額が増え、人件費負担が大幅に増すことも考えられます。

　しかし、このような場合に（定年延長を選択しない者の退職金水準を引き上げるのではなく）定年延長者の退職金水準を引き下げることは、労働条件の不利益変更に該当し、容易には認められないと考えます。労働条件の不利益変更の場合には、①労働者の同意を得た上で就業規則を変更する（労契法9、12条、労基法93条）か、②労働者の同意が得られない場合は、就業規則を変更した上で、変更後の就業規則を労働者に周知させ、かつ、就業規則の変更が、労働者の受ける不利益の程度、労働条件の変更の必要性、変更後の就業規則の内容の相当性、労働組合等との交渉の状況その他の就業規則の変更に係る事情に照らして合理性があることが必要となります（労契法10条）。

安倍嘉一　弁護士（森・濱田松本法律事務所）

定年延長に伴い定年前の賃金を引き下げたり、退職金支給基準を見直したりすることは認められるか

A 不利益変更に準ずるものとして、労契法の要件を満たせば認められる

1 定年延長に伴う賃金引き下げと不利益変更問題

　定年を延長する場合には、その分労働者の在籍年数が延びる上、従前の労働条件がそのまま引き継がれることが多いため、人件費がその分増大し（特に年功序列の賃金体系の場合）、使用者にとって負担が増すことになります。そこで、定年を延長する代わりに、延長した期間や、場合によっては従前の定年前の賃金を引き下げることで、人件費の負担増を回避しようとすることがあります。この点、従前の定年前の賃金を引き下げる場合には、労働条件の不利益変更に該当します。また、延長した期間の賃金を引き下げる場合も、新しい制度ではあるものの従前よりも不利益な賃金体系となるため、労働条件の不利益変更に準ずるものとして検討すべきです。

2 労働条件の不利益変更が認められる要件

　本問のように、制度として賃金等を引き下げる場合には就業規則（給与規程）の変更が必要になると思われるところ、就業規則の変更による労働条件の不利益変更については、①労働者全員の同意を得ることが前提となります。あるいは、②変更後の就業規則を労働者に周知させ、かつ、就業規則の変更が、労働者の受ける不利益の程度、労働条件の変更

第5章

再雇用・定年延長

227

の必要性、変更後の就業規則の内容の相当性、労働組合等との交渉の状況その他の就業規則の変更に係る事情に照らして合理的なものである場合にのみ可能と考えられています（労契法9条、10条）。

　労契法成立以前の裁判例では、55歳定年から60歳定年に移行する際に、55歳以上の賃金額を54歳時の賃金額の6～7割程度に減額した事案（第四銀行事件　最高裁二小　平9.2.28判決）において、「労働条件の集合的処理、特にその統一的かつ画一的な決定を建前とする就業規則の性質からいって、当該規則条項が合理的なものである限り、個々の労働者において、これに同意しないことを理由として、その適用を拒むことは許されない」と判示されています。具体的には、「就業規則の変更によって労働者が被る不利益の程度、使用者側の変更の必要性の内容・程度、変更後の就業規則の内容自体の相当性、代償措置その他関連する他の労働条件の改善状況、労働組合等との交渉の経緯、他の労働組合又は他の従業員の対応、同種事項に関する我が国社会における一般的状況等」を提示しており、労契法10条に定める合理性の判断基準も、これとほぼ同内容です。当該事案においては、定年延長の社会的要請が強く、賃金水準を変更する必要性が認められること、同業他社や社会一般と比較して賃金水準が高かったこと、定年延長による雇用確保のメリットがあること、福利厚生制度の適用拡充等不利益を緩和する措置を取っていること、従業員の90％以上によって組織される労働組合との交渉および労働協約の締結を経て実施されていること等により、合理的であると判断しています。

　したがって、定年延長に伴う労働条件の不利益変更も、労契法上の要件を満たせば、実施可能です。もっとも、「特に、賃金、退職金など労働者にとつて重要な権利、労働条件に関し実質的な不利益を及ぼす就業規則の作成又は変更については、当該条項が、そのような不利益を労働者に法的に受忍させることを許容できるだけの高度の必要性に基づいた合理的な内容のものである場合において、その効力を生ずるものという

べき」ですから（大曲市農業協同組合事件　最高裁三小　昭63.2.16判決）、合理性の判断は慎重になされるべきでしょう。

安倍嘉一　弁護士（森・濱田松本法律事務所）

第6章

高年齢者

Q091 65歳までの高年齢者雇用確保措置とは何か

A ①定年の引き上げ、②継続雇用制度の導入、③定年の廃止のいずれかを採用すること

1 現行法における高年齢者雇用確保措置

　高年齢者の雇用に関しては、高齢法が、事業主の責務として、「高年齢者について職業能力の開発及び向上並びに作業施設の改善その他の諸条件の整備を行い、並びにその雇用する高年齢者等について再就職の援助等を行うことにより、その意欲及び能力に応じてその者のための雇用の機会の確保等が図られるよう努めるもの」としています（4条1項）。

　より具体的には、その雇用する高年齢者の65歳までの安定した雇用を確保するための措置（高年齢者雇用確保措置）として、①65歳までの定年の引き上げ、②65歳までの継続雇用制度の導入、③定年の廃止が定められており、これらのうちいずれかの方法を採用しなければなりません（高齢法9条1項）（令和2年改正高齢法で新設された「70歳までの高年齢者就業確保措置」については、Q94参照）。

　なお、厚生労働省が発表している「令和2年『高年齢者の雇用状況』」によれば、いずれかの雇用確保措置を採用している企業がほとんどであるほか、従業員数などの規模に応じて若干の相違はあるものの、7～8割台の企業が②継続雇用制度の導入を選択しているのが実態です［図表6-1］。したがって、60歳を定年として維持したまま、60歳をもって定年退職した後、嘱託社員などの名称で有期雇用契約を締結し、65歳まで更新を行うことが、60歳を超えた高年齢者の雇用形態として一般化

図表6-1 ●高年齢者雇用確保措置の内訳

資料出所：厚生労働省「令和2年『高年齢者の雇用状況』」

しているといえるでしょう。

②　定年の引き上げや定年廃止を選択する場合の留意点

　定年の引き上げ（定年延長）や定年廃止による場合、多くの企業では、「賃金の引き下げが難しくなるのではないか」「退職金の原資の捻出に苦労するのではないか」といった課題が想定されており、これらの制度はあまり採用されていません。

　定年自体を延長した場合には、旧定年到達後においても、業務内容、責任の範囲や異動の有無などを変更する機会が定年退職ほど明確ではないため、高年齢者に対して旧定年到達後に労働条件の変更を提示する機会が用意されないことにつながります。また、高年齢者に対する労働条件の変更などを実施しないことになれば、役職者が維持され、組織の若返りなどの課題にも影響を与えることになるでしょう。

　例えば、役職定年制などと併せて導入することで、組織の若返りと労働条件変更の機会を持つことは可能ですが、役職定年制を導入した場合、高年齢者にとっては就業規則の不利益変更に該当することになります。就業規則の不利益変更については、労働者の合意または変更の合理性が

必要となることから（労契法9条、10条）、継続雇用制度の導入と比較すると法的な課題も多くならざるを得ません。

　定年の引き上げや定年廃止を選択する場合には、業務内容や賃金水準の変更、組織の若返りなどを想定しない事業主であれば選択しやすいといえますが、継続雇用制度と比較すると、導入の難易度が高く、選択しにくいと考えられます。

家永　勲　弁護士（弁護士法人ALG & Associates）

 当面適用対象となる高年齢者がいなくても、高年齢者雇用確保措置を導入しておかなければならないか

 制度の導入を義務づけているため、適用対象者がいなくても導入義務がある

 高年齢者雇用確保措置

　高年齢者雇用確保措置とは、①65歳までの定年の引き上げ、②65歳までの継続雇用制度の導入、③定年の廃止のいずれかを用意することです（高齢法9条1項）。

　この点について、厚生労働省は、「高年齢者雇用確保措置の実施及び運用に関する指針」（平24.11.9　厚労告560）および「高年齢者雇用安定法Q&A（高年齢者雇用確保措置関係）」を公表し、その解釈を整理しているところ、本問に関連する見解として公表されている内容は、次のとおりです。

Q1-2：当分の間、60歳に達する労働者がいない場合でも、継続雇用制度の導入等を行わなければならないのでしょうか。

A1-2：高年齢者雇用安定法は、事業主に定年の引上げ、継続雇用制度の導入等の高年齢者雇用確保措置を講じることを義務付けているため、当分の間、60歳以上の労働者が生じない企業であっても、65歳までの定年の引上げ、継続雇用制度の導入等の措置を講じていなければなりません。

　なお、令和2年改正高齢法により追加された70歳までの高年齢者就業確保措置（詳細は、Q94参照）についても、同様の見解が示されており、65歳に達する労働者がいない場合でも、高年齢者就業確保措置に努めることが必要とされています（高年齢者雇用安定法Q&A〔高年齢者就業確保措置関係〕Q⑧）。

② 高年齢者雇用確保措置の導入義務の要件

　厚生労働省の解釈によれば、結局のところ、高齢法9条1項が定める要件としては、65歳未満の定年の定めをしている事業主であれば、適用対象者の有無を問わず、すべて高年齢者雇用確保措置のいずれかを制度として導入する義務を負っていることになります。

　制度導入が行われていない場合には厚生労働大臣から勧告を受け、是正されなかったときには、公表措置の対象、ハローワークでの求人の不受理や紹介保留、助成金の不支給等の措置が講じられます。

　なお、70歳未満の定年の定めをしている事業主であれば、すべて高年齢者就業確保措置を講じる努力義務を負っていることになります。

家永 勲　弁護士（弁護士法人ALG & Associates）

60歳に達した有期契約労働者や60歳を超えてから採用した者も継続雇用しなければならないか。また、無期転換ルールをどのように取り扱うか

A 60歳に達した有期契約労働者や定年を超えてから採用した者は対象とならない。定年後再雇用者の無期転換ルールの適用除外には第二種計画認定が必要であるが、定年後の雇用者は適用除外の対象とはならない

① 高年齢者雇用確保措置の対象者

　高年齢者雇用確保措置の対象者が、いかなる範囲であるかが問題となるところ、高齢法9条1項の定めは以下のような内容です。

　「定年（65歳未満のものに限る。以下この条において同じ。）の定めをしている事業主は、その雇用する高年齢者の65歳までの安定した雇用を確保するため、次の各号に掲げる措置（以下『高年齢者雇用確保措置』という。）のいずれかを講じなければならない。」

　同条においては、明示的には、労働者の種類は限定されていません。しかしながら、義務づけの対象となる事業主が「定年……の定めをしている事業主」に限定されていることからすれば、同条が前提とする状況として保護対象となる労働者について、「定年制の適用可能性があること」が想定されていると解釈することができます。

　まず、有期労働契約による労働者については、当該労働契約に定められた期間が適用されることになるため、定年制が適用されるとは考えられていません。例えば、59歳の労働者について1年の有期労働契約を締結した場合においても、1年間という雇用期間を定めた以上、1年経過前に到来する定年制が適用されるのではなく、当該雇用期間が満了するまで、有期労働契約は終了しないと考えられます。したがって、有期雇

用労働者は、定年制の対象とならない労働者であるといえるでしょう。厚生労働省が公表する高年齢者雇用安定法Q&A（高年齢者雇用確保措置関係）においても、有期労働契約のように、本来、年齢とは関係なく、一定の期間の経過により契約終了となるものは、高年齢者雇用確保措置とは別の問題であると回答されています。

　ただし、労契法19条は、反復更新されたことにより期間の定めがない労働契約と同視することができる場合や更新に対する期待を抱くことに合理的な理由が認められる場合などには、雇止めを制限しており、これらの事由に該当する場合には、実質的には期間の定めがない労働契約と同様に高年齢者雇用確保措置の対象になると考えられます。

　次に、60歳を超えてから雇用した労働者については、定年制の適用条件である60歳を超えている以上、定年制の適用対象になる余地はなく、このような労働者も高年齢者雇用確保措置の対象となる労働者とはいえないと考えられます。

② 無期転換権の取り扱い

　継続雇用制度を採用する場合においては、60歳以降の有期雇用契約は、労契法18条1項に定める無期転換権の発生から当然には除外されていません。定年前から継続雇用している高年齢者については、「専門的知識等を有する有期雇用労働者等に関する特別措置法」6条の定めに従い、事業主が第二種計画認定を受けることにより、定年後引き続き雇用されている期間については、無期転換権の通算期間に算入しないとされていますが、認定を受けていない場合には、無期転換権が発生することに留意が必要です。また、適用除外が受けられるのは、あくまでも「定年前から継続雇用している高年齢者」であるため、定年後に雇用した高年齢者については適用除外を受けることはできません。

家永　勲　弁護士（弁護士法人ALG & Associates）

令和2年改正高齢法で新設された「70歳までの高年齢者就業確保措置」とはどのようなものか

 雇用以外の方法も含めた70歳までの就業機会を確保するための措置を導入することが努力義務とされている

1 改正法の概要

　令和2年3月31日、「雇用保険法等の一部を改正する法律」が公布されたことに伴い、高齢法の一部が改正され、令和3年4月1日から施行されました。これまで「65歳」までの雇用確保が義務化されていたところ、改正法では「70歳」までの就業機会の確保が目標とされています。

　従来の65歳までの高年齢者雇用確保措置の義務は維持されつつ、定年を65歳以上70歳未満に定めている事業主や65歳までの継続雇用制度を導入している事業主について、70歳までの就業機会の確保のために、「就業確保措置」が努力義務とされました。

2 就業確保措置の内容

　70歳までの就業機会の確保については、以下のような内容が定められています（改正高齢法10条の2第1項・2項）。65歳までは「雇用」を確保していたことに比べて、70歳までの「就業機会」の確保に変更されている点がポイントです。

①70歳までの定年の引き上げ

②定年の廃止

③70歳までの継続雇用制度の導入

④70歳まで継続的に業務委託契約を締結する制度の導入

⑤70歳まで継続的に以下の事業に従事できる制度の導入

　(ⅰ)事業主が自ら実施する社会貢献事業

　(ⅱ)事業主が委託、出資（資金提供）等する団体が行う社会貢献事業

　③の70歳までの継続雇用制度については、特殊関係事業主〈編注：一定の範囲に属する法人等のこと。Q85参照〉のみではなく、特殊関係事業主ではない「他の事業主」との間で継続雇用ができる制度も含むものとされています。なお、他の事業主との間で継続雇用する場合、当該「他の事業主」は、定年後再雇用における第二種計画認定による無期転換ルールの適用除外を受けることはできません。

　また、④および⑤は、「創業支援等措置」と呼ばれるもので、雇用以外の形態により、就業の機会を確保することが許容されており、65歳までの雇用確保措置よりも選択肢の幅は広くなっています。

　なお、③の特殊関係事業主または他の事業主における70歳までの雇用継続制度や⑤(ⅱ)の導入に当たっては、事業主は、引き続いて雇用することを約する契約または社会貢献事業に従事する機会を提供することを約する契約を"締結"する必要があります。

③ 創業支援等措置の導入

　これまでとは異なり、「雇用」以外の就業機会の確保として、「創業支援等措置」による就業機会の確保が選択肢として拡大されています（詳細はQ95参照）。

　なお、②①～③の雇用による措置と併せて講じる場合を除き、創業支援等措置を導入するに当たっては、導入に必要な事項を記載した計画（以下、実施計画）を作成し、過半数労働組合等（過半数労働組合等とは、労働組合がない場合には、労働者の過半数を代表する者と考えられており、労使協定により対象者の基準を定めることも許容されています）の

同意を得て、当該計画を周知することが必要とされています（改正高齢法10条の2第1項および高齢則4条の5）。実施計画の内容には、創業支援等措置を講ずる理由、従事する業務、金銭および契約の内容等や安全および衛生、災害補償等に関する事項などを記載する必要があります。

　実施計画の周知と併せて、前述の雇用継続または社会貢献事業に従事する機会提供に関する契約を締結することが必要であり、実施計画および当該契約を踏まえて、65歳を超えた労働者との間で具体的な契約を締結するというプロセスを踏むことになります。

家永 勲　弁護士（弁護士法人ALG & Associates）

 令和2年改正高齢法において新設された創業支援等措置とはどのようなものか

 70歳までの就業確保措置のうち、雇用以外の措置で就業機会を確保すること。実施に当たっては、実施計画に過半数代表者からの同意を得て周知するといった手続きが必要となる

① 改正高齢法の成立と概要

　Q94のとおり、改正前の高齢法により65歳までの雇用確保措置が義務化されていたところ、令和2年3月31日に高齢法が改正（令和3年4月1日施行）されたことにより、65歳から70歳までの「就業機会の確保」が努力義務とされました。

　この努力義務の内容は、65歳までの雇用確保措置と類似する部分もありますが、定年を65歳以上70歳未満に定めている事業主においては、次の①〜⑤のいずれかの措置を講じることが努力義務とされています。

これらのうち、④や⑤に該当する措置が、いわゆる「創業支援等措置」に該当します。

> ■高年齢者就業確保措置
>   ①70歳までの定年の引き上げ
>   ②定年の廃止
>   ③70歳までの継続雇用制度の導入
> ■創業支援等措置（雇用によらない措置）
>   ④70歳まで継続的に業務委託契約を締結する制度の導入
>   ⑤70歳まで継続的に以下の事業に従事できる制度の導入
>   (i)事業主が自ら実施する社会貢献事業
>   (ii)事業主が委託、出資（資金提供）等する団体が行う社会貢献事業

改正高齢法において65歳から70歳までの高年齢者に対する措置として求められているのは、「就業機会の確保」であり、「雇用」という制度にこだわっていません。すなわち、①から③までの制度は、「雇用」を継続することになりますが、④や⑤については、「雇用以外の措置」と位置づけられ、その点が創業支援等措置の特徴となっています。

なお、65歳までの雇用確保措置は法律上の義務となっていますが、70歳までの就業機会の確保に関しては、努力義務にとどめられています。

② 創業支援等措置の準備事項について

「雇用」による就業機会の確保である①から③までの措置を講じる場合には、それをもって努力義務を尽くしたことになりますが、①から③までの措置ではなく、④または⑤の創業支援等措置のみを行う場合には、「創業支援等措置の実施に関する計画」（以下、実施計画）を作成し、労働者の過半数を代表する労働組合（過半数労働組合がない場合は、労働者の過半数代表者。以下、過半数労働組合等）から同意を得て、その後、

労働者に周知する必要があります（①〜③と④⑤の両方を講じる場合には、過半数労働組合等の同意が望ましいとされています）。また、会社内での実施計画の作成と周知に加えて、就業先となるのが自社ではなく、他の団体等である場合には、当該団体との間で創業支援等措置の実施に関する契約を締結する必要があります。

　同意の対象となるのは創業支援等措置の「実施計画」であり、記載しなければならない事項は、以下のとおりです（⑾⑿は、該当がある場合に記載が必要です）。

⑴高年齢者就業確保措置のうち、創業支援等措置を講ずる理由

⑵高年齢者が従事する業務の内容に関する事項

⑶高年齢者に支払う金銭に関する事項

⑷契約を締結する頻度に関する事項

⑸契約に係る納品に関する事項

⑹契約の変更に関する事項

⑺契約の終了に関する事項（契約の解除事由を含む）

⑻諸経費の取り扱いに関する事項

⑼安全および衛生に関する事項

⑽災害補償および業務外の傷病扶助に関する事項

⑾社会貢献事業を実施する法人その他の団体に関する事項

⑿上記のほか、創業支援等措置の対象となる労働者のすべてに適用される事項

　これらの事項は、「雇用」でなくなることから、労基法による保護を受けられなくなる要素に関して、過半数労働組合等との間で実施計画の同意を得て周知させることで、労働者自身にとって不利な部分がないかを確認させる意味合いがあります。その上で、企業自体が遵守または配慮すべき事項を明確にしておき、対象となる高年齢者との間で締結する業務委託契約などにおいて定めるべき事項も整理する機能があるといえます。

また、対象となる高年齢者との間で成立させるのは、あくまでも業務委託契約などであり、労働契約（雇用）ではありません。厚生労働省の定めた「高年齢者就業確保措置の実施及び運用に関する指針」（令2.10.30厚労告351）においても、「個々の高年齢者の働き方についても、業務の委託を行う事業主が指揮監督を行わず、業務依頼や業務従事の指示等に対する高年齢者の諾否の自由を拘束しない等、労働者性が認められるような働き方とならないよう留意すること」とされています。したがって、労働者と同じような形で、直接の指揮命令を行うことはできないことに留意が必要です（Q97参照）。

家永 勲　弁護士（弁護士法人ALG & Associates）

65歳以上の継続雇用制度を導入する場合、希望者は全員雇用しなければならないか。制度を適用する場合に労働条件の変更は可能か

対象者の基準を定めて限定することも、労働条件の変更も可能である

① 対象者の限定

　65歳以上の継続雇用制度を導入する場合、令和2年改正高齢法においては、あくまでも努力義務にとどめられていることから、対象者の基準を設けることも可能です。

　基本的な考え方としては、労使の協議に委ねられており、過半数労働組合等の同意を得て基準を設定することが望ましいとされています（「高年齢者就業確保措置の実施及び運用に関する指針」令2.10.30　厚労告351）。

② 対象者の基準の定め方

対象者の基準は労使の協議に委ねられており、65歳までの継続雇用制度で許容されているのと同様に、解雇事由または退職事由と同一の事由などが想定されています。

なお、事業主にとって恣意的な基準を定めることは不適切であると考えられており、例えば、「会社が必要と認めた者に限る」「上司の推薦がある者に限る」といった抽象的かつ基準が不明瞭な定め方や、「男性（女性）に限る」といった両性の雇用機会が確保されていないもの、「組合活動に従事していない者に限る」などの不当労働行為に該当する基準は、不適切と考えられています。

③ 労働条件の変更

60歳を超える継続雇用においても労働条件の変更を提示することが合理的な範囲で許容されていることや65歳を超える就業確保措置は、あくまでも努力義務にとどまるものであることから、65歳を超える就業確保措置を適用するに当たって、労働条件を変更することは可能です。厚生労働省も、個々の労働者の希望に合致した就業条件を提示することまでは求めておらず、結果的に合意が得られなかったとしても努力義務を満たしていないものとはならない旨を公表しています（高年齢者雇用安定法Q&A〔高年齢者就業確保措置関係〕）。

一方で、支払われる金銭については、高年齢者の就業の実態、生活の安定等を考慮し、業務内容に応じた適切なものとなるよう努めることや、職業能力を評価する仕組みの整備とその有効な活用を通じ、高年齢者の意欲および能力に応じた適正な配置および処遇の実現に努めることが求められていることから、最低賃金を下回ることができないことは当然ながら、大幅な労働条件の引き下げは適切ではないと考えられます。また、

継続雇用制度である場合には、パートタイム・有期雇用労働法に基づく同一労働同一賃金の適用があることから、定年前と職務の内容（業務の内容、責任の程度）および職務の内容・配置の変更の範囲のいずれかに相違がなければ「均等待遇」となる可能性があり、相違がある場合においても「均衡待遇」により不合理な相違は許されないことは、65歳までの継続雇用制度と同様です（Q82参照）。

家永　勲　弁護士（弁護士法人ALG & Associates）

65歳までの再雇用契約を終了した元社員と業務委託契約を結ぶ際の留意点

A 書面により就業条件を明確にし、雇用類似の関係とならないために直接の指揮命令は行わないようにしなければならない

1　業務委託契約の締結方法とその内容

これまでの雇用関係とは異なり、会社は直接の指揮命令を行う立場ではなくなるため、元社員の独立性を維持し、その判断に裁量を認めることが重要となります。元社員に雇用と異ならない認識を維持されると、後日トラブルになる恐れがあることから、業務委託の関係に切り替わったことを明確に示す必要があります。

業務委託契約締結時の留意事項として、書面により締結することをはじめとして、就業条件について、業務内容、支払う金銭の額および支払い時期に関する事項、契約締結の頻度や受発注の方法、納品または役務提供の方法に関する事項、契約変更の方法、契約終了の事由（解除、解

約または契約期間）などを定めておくことが重要です。

　これらの契約内容にとって重要な要素は、創業支援等措置（Q95参照）を導入するための実施計画においても定めることが求められており、過半数労働組合等の同意を得ておく必要があります。さらに、当該実施計画を契約締結する労働者へ書面にて交付することも求められていることからも、契約内容に含めておかなければ、対応に矛盾が生じてしまうことにつながります。

② 委託業務実施における留意点

　業務委託契約に基づく創業支援等措置においては、労働契約によらない働き方となることから、個々の高年齢者の働き方についても、業務の委託を行う事業主が指揮監督を行わず、業務依頼や業務従事の指示等に対する高年齢者の諾否の自由を拘束しない等、労働者性が認められるような働き方とならないよう留意することが求められています。

　仮に、労働者性が認められるような場合には、労基法や労災法等の適用を受けることになり、労働時間の管理や時間外割増賃金等の支払いなどを行わなければなりません。

　労働者性の判断に当たっては、以下のような判断要素が挙げられています。

(1)使用従属性

　　①指揮監督下の労働であるかどうか

　　　(ⅰ)仕事の依頼、業務従事の指示等に対する諾否の自由の有無

　　　(ⅱ)業務遂行上の指揮監督の有無

　　　(ⅲ)拘束性の有無

　　　(ⅳ)代替性の有無

　　②報酬の労務対償性

(2)労働者性の判断を補強する要素があるかどうか

①事業者性の有無

　(ⅰ)機械、器具の負担関係

　(ⅱ)報酬の額

②専属性の程度

③その他

　定年後の業務委託においては、直ちに専属性を否定できる状況になるとは限らず、機械や器具等の負担に関しても直ちに自己負担を求めることができるとも限りません。こうした点を考慮すれば、判断要素の中でも特に重要と考えられるのは、指示等に対する諾否の自由を確保しておき、就業する日時などについて裁量の余地を確保しておくこと（上記(1)①(ⅰ)）や、業務遂行上の指揮監督においても具体的かつ詳細なものとしないこと（上記(1)①(ⅱ)）などであると考えられ、直接の指揮命令により労働者のような拘束をすることのないように留意する必要があります。

家永　勲　弁護士（弁護士法人ALG & Associates）

 離職予定の60歳超雇用者が再就職を希望する場合、どのような支援を行う必要があるか

 努力義務として、求職活動に対する経済的支援等の再就職援助措置がある。また、多数離職届の提出および希望者に対する求職活動支援書の作成・交付を行う必要がある

1　高年齢者が離職する場合の事業主の義務

　高齢法においては、以下のいずれかに該当する高年齢者の退職者について、離職時に雇用している事業主は、再就職援助措置の努力義務、多

数離職届の提出義務、希望者に対する求職活動支援書の作成・交付義務が課されています。

①自己の責に帰すべき事由によるものを除く解雇者
②継続雇用制度の対象者とならずに退職した者
③事業主の都合により離職する高年齢者

　令和2年の改正によって、これらの義務の対象となる高年齢者が、45歳以上65歳未満の労働者から45歳以上70歳未満の労働者まで拡大されるなどの変更がなされました。

　令和2年改正高齢法においては、当初雇用していた事業主以外の者が雇用または契約を締結している場合に再就職援助措置を行うべき事業主は、原則として現に雇用または契約を締結している事業主となります。ただし、継続雇用制度の上限年齢に達した高年齢者または他の団体が実施する社会貢献事業に従事する高年齢者については、定年まで雇用していた事業主が対象となります。

② 再就職援助措置

　再就職援助措置とは、①求職活動に対する経済的支援、②再就職や教育訓練受講等のあっせん、③再就職支援体制の構築などが挙げられており、これらの支援を行うことが努力義務とされています。例えば、再就職に向けた資格取得の受験のために休暇を付与することや、経済的支援として資格取得に必要な費用を負担することなどが考えられるでしょう。

③ 多数離職届および求職活動支援書

　事業主は、1カ月以内に5人以上、同一の事業所で雇用する高年齢者等が解雇等によって離職する場合には、ハローワークにおける求職活動

を速やかに進めるために、多数離職届を公共職業安定所長へ提出する義務があります。ただし、①日々または期間を定めて雇用されている者（6カ月を超えて引き続き雇用されるに至っている者は除く）、②試用期間中の者（14日を超えて引き続き雇用されるに至っている者を除く）、③常時（毎日）勤務に服することを要しない者、④特殊関係事業主に継続雇用されている者、⑤65歳以上で他の事業主に継続雇用されている者については、届け出るべき高年齢者には含まれません。

　加えて、事業主は、高年齢者が希望する場合には、「求職活動支援書」の作成・交付が義務づけられています。求職活動支援書とは、対象者の職務経歴や職業能力、資格・免許・受講した講習、有している技能や知識等、再就職に有利になる事情および事業主が講じる再就職援助措置について記載した書面です。厚生労働省は、職業能力証明などに役立てるために「ジョブ・カード」の活用を勧めています。この様式の中に「再就職援助措置関係シート」が用意されており、求職活動支援書の作成に役立てることが想定されています。なお、求職活動支援書の作成に当たっては、交付対象となる労働者の求職活動に関する希望を聴くものとされており、再就職希望先で必要な資格など再就職を支援する内容の記載が想定されています。

家永　勲　弁護士（弁護士法人ALG & Associates）

Q099 年金との受給調整を図るために、給与や労働時間をこれに即したものに設定してほしいとの社員の希望に応じるべきか

A 労働条件の変更は使用者・労働者間の同意によって行われるため、応じるか否かは使用者の自由である

1 年金制度改正法

　令和2年5月29日に「年金制度の機能強化のための国民年金法等の一部を改正する法律」（年金制度改正法）が成立し、6月5日に公布されました（一部を除き、令和4年4月1日施行）。

　この中で、在職時の年金受給の見直しが行われたほか、受給開始時期の選択肢が拡大されるなどしており、これらの影響により、継続雇用中の労働者から年金との受給調整の要望が増えることも想定されます。

　制度の概要としては、賃金と年金の合計額が一定以上になる60歳以上の老齢厚生年金受給者を対象に、全部または一部の年金支給を停止する仕組みが導入され、60〜64歳に支給される在職老齢年金について、現行の基準では賃金と年金月額の合計が28万円となる場合には支給停止されていたものが、合計47万円にまで緩和されます。また、65歳以上の在職中の老齢厚生年金受給者について、これまでの退職時のみ給与改定の結果が反映されていた制度から、在職中であっても老齢年金額が変更される「在職定時改定」の制度が導入されます。さらに、受給開始時期の選択肢については、60〜70歳の受給開始の選択時期が、60〜75歳に拡大しています。

② 年金との受給調整

　これらの法改正の影響により、年金額との受給調整については、合計47万円まで受給しても老齢厚生年金の受給が停止されなくなります。

　また、65歳以上の労働者については、在職定時改定の制度が導入されることから、例えば、令和2年改正高齢法に基づく65歳を超える継続雇用制度期間中においても、賃金の上昇などの結果が年金制度へ反映されるようになります。

　定年後の労働者が、当初の雇用契約においては老齢厚生年金との受給調整のために労働日数や労働時間を減少させて賃金額を抑えていたとしても、法改正による制度の変更に伴って労働日や就労時間の増加などの労働条件の改定を求めてくる可能性があります。また、今後、定年後再雇用の労使間交渉において、制度の変更時期に合わせて労働条件を変更することをあらかじめ条件に盛り込んでおくことが求められる可能性も想定されるでしょう。

　継続雇用による再雇用が既に行われている場合、事業主と再雇用による労働者との間では、雇用契約が締結されており、有効に存続しています。また、労働契約の変更については、原則として、当事者双方の合意によらなければなりません（労契法8条）。たとえ労働者にとって、再雇用の契約時等において、厚生年金制度による受給調整を考慮して控えめな賃金による雇用条件を受け入れており、その事情が変更となったとしても、本人・事業主間の合意による変更が必要という原則には変わりなく、事業主としては、これに応じるか否かを自由に判断できると考えられます。

　また、これから締結する再雇用後の労働契約についても、合理的な範囲で労働条件を提示することが許容されており、条件が折り合わなかった結果として労働契約が成立しなかったとしても違反とはなりません（Q86参照）。

家永　勲　弁護士（弁護士法人ALG & Associates）

高年齢者の就業の際に、通常の労働者と比べて特に配慮しなければならない事項はあるか

 労働災害の発生率が高く、通常の労働者以上に健康や体力への配慮を行う必要がある

1 再雇用後の安全配慮義務

　高年齢者を定年後に再雇用する場合においては、安全配慮義務に関する視点を欠くことはできません。

　厚生労働省「労働者死傷病報告」によれば、平成31年／令和元年の労働災害による休業4日以上の死傷者数のうち、60歳以上の労働者が占める割合は27％に及び、10年前から増加しています。中でも、転倒災害、墜落・転落災害の発生率が若年層に比べて高く、女性で顕著となっています。

　このような状況を踏まえ、厚生労働省は、令和2年3月に「高年齢労働者の安全と健康確保のためのガイドライン」（以下、ガイドライン）を公表しました。高年齢者の就業における配慮については、このガイドラインが参考になります（併せてガイドライン策定に係る通達〔令2.3.16基安発0316第1〕も参照）。

2 「高年齢労働者の安全と健康確保のためのガイドライン」の概要

　ガイドラインは、安全衛生管理体制の確立等、職場環境の改善、高年齢労働者の健康や体力の状況の把握、高年齢労働者の健康や体力の状況に応じた対応、安全衛生教育の項目から構成されています。

これらの中でも、高年齢労働者の健康や体力の状況の把握やそれに応じた対応の内容が特徴的であり、健康状況の把握として健康診断の実施から行い、体力の状況を把握するために体力チェックを継続的に行うよう努めることなどが求められています。健康や体力チェックの一例として、「フレイルチェック」と呼ばれる心身の健康状況を簡易に把握する方法や、厚生労働省による「転倒等リスク評価セルフチェック票」などを紹介し、これらを利用しながら健康状況および体力の状況を把握することが想定されており、実務において参考になるでしょう。

　また、これらが把握できた際には、それを踏まえて、業務の軽減の要否、必要な場合の作業の転換、心身両面にわたる健康保持増進措置を行うことなどが想定されており、周囲の労働者においても高年齢労働者に対する理解を深めるための教育や研修の実施なども必要とされています。

③ 雇用以外の創業支援等措置による場合

　ガイドラインは、労働契約に基づく安全配慮義務の具体化ともいえるものであり、対象とされているのは、あくまでも労働契約に基づき労務に従事する高年齢労働者です。

　しかしながら、令和2年改正高齢法における創業支援等措置により他の事業主と業務委託契約を締結する場合や社会貢献事業に従事する場合（Q94参照）は、労働契約に基づくものではないとしても、その就労においては高年齢者の心身の状況への配慮が必要であることは共通します。

　そのため、創業支援等措置を採用するために定める実施計画に安全衛生について記載しなければならず、「高年齢者就業確保措置の実施及び運用に関する指針」（令2.10.30　厚労告351）においては、労働関係法令による保護の内容も勘案しつつ、委託業務の内容・性格等に応じた適切な配慮を行うことが望ましいとされています。また、委託業務に起因

する事故等により被災したことを事業主が把握した場合には、ハローワークに報告することも望ましいとされており、労契法に基づく安全配慮義務や労働災害が発生した場合に準じた対応が求められています。

家永 勲 弁護士（弁護士法人ALG & Associates）

執筆者プロフィール（五十音順）

安倍 嘉一 あべ よしかず   ＜5章Q88～90＞

弁護士（森・濱田松本法律事務所）

2005年弁護士登録。企業側人事・労務問題を専門として、解雇・残業代請求をはじめとする個別労使紛争案件、労働組合との集団労使紛争案件、懲戒事例や休職事例に関する相談対応など、企業における人事・労務問題全般について豊富な実績を持つ。労働関連の著書として『ケースで学ぶ労務トラブル解決交渉術』『従業員の不祥事対応実務マニュアル』（いずれも民事法研究会）ほか多数。

家永 勲 いえなが いさお   ＜5章Q82～87、6章Q91～100＞

弁護士（弁護士法人ALG & Associates）

立命館大学法科大学院卒業、東京弁護士会所属。企業法務全般の法律業務を得意とし、使用者側の労働審判、労働関係訴訟の代理人を務める等、企業側の紛争および予防法務に主として従事。企業法務におけるトラブルへの対応とその予防策についてセミナーや執筆も多数行っている。近著に『中小企業のためのトラブルリスクと対応策Q&A』『労働紛争解決のための民事訴訟法等の基礎知識』（いずれも労働調査会）などがある。

岩楯 めぐみ いわだて めぐみ   ＜1章Q15～17、22＞

特定社会保険労務士（社会保険労務士事務所岩楯人事労務コンサルティング）

名古屋大学経済学部卒業。ロア・ユナイテッド法律事務所客員特定社会保険労務士。主な著書（共著）に、『新型コロナ対応 人事・労務の実務Q&A』（民事法研究会）、『判例解釈でひもとく改正法解説と企業対応策』（清文社）、『最新整理 働き方改革関連法と省令・ガイドラインの解説』（日本加除出版）、『労災の法律相談』（青林書院）などがある。

岩出 誠 いわで まこと   ＜1章Q13、19～20＞

弁護士（ロア・ユナイテッド法律事務所）

東京大学大学院法学政治学研究科修了、千葉大学客員教授、青山学院大学客員教授を歴任、現在、明治学院大学客員教授、東京都立大学大学院社会科学研究科法曹養成専攻非常勤講師。主な著書に『注釈労働組合法（上下巻）』『注釈労働時間法』『注釈労働基準法（上下巻）』（いずれも有斐閣、共著）、『実務 労働法講義 第3版（上下巻）』『労働法実務大系 第2版』（いずれも民事法研究会）ほか多数。

宇賀神 崇　うがじん たかし　<2章Q23、26、29〜31、36、38〜39、5章Q73、75、79〜81、88>

弁護士（森・濱田松本法律事務所）
2010年東京大学法学部卒業、2012年東京大学法科大学院修了。2013年弁護士登録、2020年ニューヨーク州弁護士登録。2016年中国対外経済貿易大学ビジネス中国語（高級）課程修了、2019年米国ジョージタウン大学ローセンター修了。2019〜2020年、香港の法律事務所Gall Solicitorsにて執務。企業の人事・労務問題全般と中国・香港関係案件について特に幅広い経験を有する。『労働事件ハンドブック』（共著、労働開発研究会）、『働き方改革時代の規程集』（共著、労務行政）など執筆多数。

岡野 貴明　おかの たかあき　<2章Q25、27〜28、32〜35、37>

弁護士（森・濱田松本法律事務所）
2013年慶應義塾大学法学部卒業、2014年弁護士登録。スタートアップ支援やM&A、労働法等を中心に企業法務全般を取り扱う。労働法に関する主な著作に、「実務に役立つ法律基礎講座（67）裁量労働制」（共著、労政時報）、「ジョンソン・エンド・ジョンソン（退職勧奨後の配転）事件（東京地裁　平27.2.24判決）」（WEB労政時報）等がある。

織田 康嗣　おだ やすつぐ　<1章Q1〜4>

弁護士（ロア・ユナイテッド法律事務所）
中央大学法学部卒業、中央大学法科大学院修了。2017年弁護士登録（東京弁護士会）。主な著書（共著）に『労働契約法のしくみと企業対応Q&A』（ぎょうせい）、『判例解釈でひもとく働き方改革関連法と企業対応策』（清文社）、『最新整理 働き方改革関連法と省令・ガイドラインの解説』（日本加除出版）、『労災の法律相談』（青林書院）などがある。

影島 広泰　かげしま ひろやす　<4章Q66〜67>

弁護士（牛島総合法律事務所）
2003年弁護士登録。ITシステム・ソフトウエアの開発・運用、個人情報・プライバシー、ネット上のサービスや紛争に関する案件を中心に取り扱う。著書に『法律家・法務担当者のためのIT技術用語辞典（第2版）』（商事法務）、『小さな会社・お店の新・個人情報保護法とマイナンバーの実務』（日本経済新聞出版社）ほか多数。

加藤 純子　かとう じゅんこ　<4章Q53〜65>

弁護士（渡邊岳法律事務所）
上智大学法学部国際関係法学科卒業後、民間企業での勤務を経て、東京大学法科大学院入学、2007年3月卒。同年9月司法試験合格、2008年12月弁護士登録。安西法律事務所を経て、

現在に至る。著書として、『労務インデックス』（共著、税務研究会）、『ビジネス法体系 労働法』（共著、第一法規）、『社員の不祥事・トラブル対応マニュアル』（共著、労務行政）、『法令・裁判例に基づく懲戒権行使の完全実務』（共著、日本法令）がある。

亀田 康次 かめだ こうじ <5章Q76〜78>

弁護士（横木増井法律事務所）

2006年東京大学法学部卒業、2008年東京大学法科大学院修了。2009年弁護士登録。主な著書に『Q&A賃金トラブル予防・対応の実務と書式』（共編、新日本法規）、『労働法務のチェックポイント』（共著、弘文堂）、『働き方改革関連法 その他重要改正のポイント〈労働事件ハンドブック追補〉』（共編著、労働開発研究会）、『労働事件ハンドブック〈2018年〉』（共著、労働開発研究会）、『実践 就業規則見直しマニュアル』（共著、労務行政）がある。

関 志保 せき しほ <5章Q70〜72>

弁護士（森・濱田松本法律事務所）

2017年早稲田大学法学部卒業、2019年早稲田大学法科大学院修了。2020年弁護士登録。

竹岡 裕介 たけおか ゆうすけ <2章Q25、27〜28、38>

弁護士（弁護士法人mamori）

2012年慶應義塾大学法科大学院修了、2013年弁護士登録。経済産業省での法令制定の経験を生かして企業法務や企業間紛争を専門とし、ベンチャー企業向けの組織設計、ファイナンス、M&A等の業務に従事。「〈実務詳説〉改正障害者雇用促進法の概要と障害者雇用の留意点」（『会社法務A2Z』2015年3月号）、『マンガ銀行員のためのSNS利用ルール』（共著、銀行研修社）など執筆多数。

塚田 智宏 つかだ ちひろ <2章Q23、26、29、31、37>

弁護士（森・濱田松本法律事務所）

2013年慶應義塾大学法学部卒業、2014年弁護士登録。2020年ペンシルベニア大学ロースクール修了。2021年米国公認会計士登録（ワシントン州）。WEB労政時報において、「ミトミ建材センターほか（労働組合の街宣活動等に対する事前差止請求）事件（大阪高裁　平26.12.24判決）」等を執筆。

中野 博和　なかの ひろかず　　　　　　　　　　　　　　　　　　　　　　　＜1章Q11〜12、21＞

弁護士（ロア・ユナイテッド法律事務所）
中央大学法学部卒業、中央大学法科大学院修了。2018年弁護士登録（東京弁護士会）。主な著書（共著）に、『労災の法律相談』（青林書院）、『新・労働法実務相談 第3版』（労務行政）、『新労働事件実務マニュアル 第5版』『労働契約法のしくみと企業対応Q&A』（いずれもぎょうせい）がある。

中村 仁恒　なかむら よしひさ　　　　　　　　　　　　　　　　　　　　　　　＜1章Q5、14、18＞

弁護士（ロア・ユナイテッド法律事務所）
千葉県出身。早稲田大学法学部卒業、早稲田大学法科大学院修了。2015年弁護士登録（東京弁護士会）。主な著書（共著）に『実務Q&Aシリーズ 懲戒処分・解雇』『実務Q&Aシリーズ 募集・採用・内定・入社・試用期間』（いずれも労務行政）、『人材サービスの実務』（第一法規）、『証拠収集実務マニュアル 第3版』（ぎょうせい）のほか、『労政時報』（労務行政）、『企業実務』（日本実業出版社）等専門誌への寄稿多数。

根本 義尚　ねもと よしひさ　　　　　　　　　　　　　　　　　　　　　　　　＜3章Q40〜50＞

弁護士（根本法律事務所）
2002年中央大学大学院法学研究科博士前期課程修了。2003年弁護士登録（第一東京弁護士会）。髙井伸夫法律事務所（現 髙井・岡芹法律事務所）での勤務を経て、2011年根本法律事務所開設。経営法曹会議会員。2017年〜青山学院大学大学院講師。専門は、企業の人事労務・予防法務など。著書に『これで安心！地域ユニオン（合同労組）への対処法 団交準備・交渉・妥結・団交外活動への対応』（共著、民事法研究会）などがある。

萩原 大吾　はぎはら だいご　　　　　　　　　　　　　　　　　　　　　　　　＜3章Q51〜52＞

弁護士（根本法律事務所）
慶應義塾大学経済学部を卒業後、2006年同大学院法務研究科修了。北京語言大学留学を経て2008年弁護士登録。同年髙井伸夫法律事務所（現 髙井・岡芹法律事務所）入所。同事務所北京代表処首席代表として現地駐在を経て、2017年2月より現職。2017年度青山学院大学非常勤講師。専門は人事労務（使用者側）。中国語が堪能。

松本 貴志　まつもと たかし　　　　　　　　　　　　　　　　　　　　　　　　＜1章Q6〜10＞

弁護士（ロア・ユナイテッド法律事務所）
中央大学法学部卒業、千葉大学法科大学院修了。2020年弁護士登録（東京弁護士会）。主な著書（共著）に、『人材サービスの実務』（第一法規）がある。

柳田 忍　やなぎた しのぶ　　　　　　　　　　　　　　　　　　＜4章Q68＞

弁護士（牛島総合法律事務所）

2005年弁護士登録。労働審判、労働訴訟等の紛争案件のほか、人員削減・退職勧奨、懲戒処分、競争企業間の移籍問題、人事労務関連の情報管理やHRテクノロジー等を中心に、国内外の企業からの相談案件等を多く手掛けている。特にハラスメント問題に関する対応には定評があり、各種団体における講演の経験も多い。

山口 恒憲　やまぐち つねのり　　　　　　　　　　　　　　　　＜5章Q74＞

特定社会保険労務士（社会保険労務士法人ミライズ）

2010年5月に開業、2016年1月に社会保険労務士法人ミライズへ法人化し、現在に至る。会社が発展しそこで働く人が幸せになる組織づくりのサポートをテーマとし、労務管理コンサルティングや人事管理サポートなどを行っている。

渡邉 悠介　わたなべ ゆうすけ　　　　　　　　　　　　　＜2章Q24、5章Q69＞

弁護士（森・濱田松本法律事務所）

2017年京都大学法学部卒業、2019年弁護士登録。労働法に関する主な著作に、「実務に役立つ法律基礎講座（67）裁量労働制」（共著、労政時報）、「東芝総合人材開発（業務命令違反を理由とする普通解雇の有効性）事件（東京高裁　令元.10.2判決）」（WEB労政時報）等がある。

カバー・本文デザイン／有限会社土屋デザイン室

印刷・製本／三美印刷株式会社

実務 Q&A シリーズ
退職・再雇用・定年延長

2021年6月30日　初版発行

編　者　一般財団法人 労務行政研究所
発行所　株式会社 労務行政
　　　　〒141-0031　東京都品川区西五反田3-6-21
　　　　　　　　　　住友不動産西五反田ビル3階
　　　　TEL：03-3491-1231
　　　　FAX：03-3491-1299
　　　　https://www.rosei.jp/

ISBN978-4-8452-1421-1